厨艺传承源流长

杨柳

马红丽 国医大师张磊学术继承人，国家级非物质文化遗产代表性传承人记录工程学术专员，河南省图书馆豫图讲坛特邀专家，资深媒体人，《河南商报》原首席记者、首席编辑，享受社委会特殊津贴。

代表作品：《味道河南》《杏林史话》《食林广记》《郑州食话食说》《走近国医大师张磊》，《国医大师张磊医学文库》第一卷主编，《中国烹饪通史》第一卷编审，《烩面的故事》《本草中国之脐针》等纪录片总撰稿。

饮食文化著作《食林广记》入围"2017年度中国好书"，入选国家新闻出版广电总局2017年度"大众喜爱的50种图书"。

他们，影响了中国豫菜

一世厨缘

陈进长的厨艺人生

马红丽⊙著

图书在版编目（CIP）数据

一世厨缘：陈进长的厨艺人生 / 马红丽著 . -- 北
京 : 中国商业出版社 , 2023.10
ISBN 978-7-5208-2626-6

Ⅰ . ①一… Ⅱ . ①马… Ⅲ . ①陈进长－事迹 Ⅳ .
① K828.9

中国国家版本馆 CIP 数据核字 (2023) 第 179131 号

责任编辑：杨善红

中国商业出版社出版发行
（www.zgsycb.com　　100053　　北京广安门内报国寺 1 号）
总编室：010-63180647　　编辑室：010-83125014
发行部：010-83120835/8286
新华书店经销
北京美图印务有限公司印刷

*

710 毫米 ×1000 毫米　16 开　11.5 印张　125 千字
2023 年 10 月第 1 版　2023 年 10 月第 1 次印刷
定价：258.00 元

* * * *

（如有印装质量问题可更换）

大师风范说进长

　　进长兄有句常说的话：我就是一个厨师，我只是一个厨师！简单、率真，却意味深长，算得上名言。时下名师、大师的帽子满天飞，别人给的、自己封的，已经成了高帽子，但能顶得起这顶帽子的可谓鲜有人哉！

　　陈进长只是一个厨师。在当年的"又一新"，他不是有什么远大追求和政治抱负的员工，但在厨房之中、灶台之前，他确是极具追求、极有抱负之人，他的身材、他的嗓门、他的认真、他的勤奋是少有人能比的。进长也相当幸运。1960年，他进入开封名店"又一新"，师从黄润生、赵廷良、苏水秀这些豫菜的一代宗师，后又拜"衙门派"名厨陈景和为师。如此一来，馆业的活儿、衙门的活儿，他得以融会贯通，陈家的软溜鱼、烧臆子，"又一新"的爆双脆、核桃腰，这些最要功夫的活儿、最见功力的菜，进长已是真传在身、无人能出其右了。那时的他，青年才俊、神气逼人，当是一等灶头。1978年，他在全省技术比赛中以55秒完成"活鸡成菜"，至今难有超越，其水准可见一斑。

　　"又一新"二十余年的临灶生涯，奠定了进长一生的技术基础和职业品格，1981年奉调郑州国际饭店则给他了一个更大的舞台，让他在更大的范围内，更好地展现了自己。无论是作为国际饭店的总厨还是丽晶大厦的总厨，进长让国家领导、国际友人、四海宾朋和香港同行见识了河南的厨师、河南的菜肴，领略了中原餐饮文化的博大精深。作为河南旅游系统技术比赛的魁首和全国第二届烹饪大赛双金牌的获得者，在20世纪80年代粤菜、港风最盛的时期，能受邀在香港做历时两月之久的技术表演，说明了什么、代表了什么是不言而喻的。这是进长的荣誉，也是豫菜的荣誉、河南的荣誉。

陈进长就是一个厨师，也是真正的大师。何为大师？大师是榜样，大帅是标杆，大师是对事业的专注，大师是对技艺的执着。功成名就的进长在60岁没有选择退休，没有选择安逸和享受，在如今小有名气就远离案灶、追名逐利、游走江湖、四处曝光的浮躁社会中，他还是选择了厨房，还只是一个厨师，在他身上我们看到了当年那些宗师的影子，看到了大师的风范。从业60多年来，进长淡泊名利，不求官、不求财，就是做厨师，年已80岁就是不离灶台，技术已臻炉火纯青却仍旧将菜品的质量视作生命，仍旧孜孜以求地追求更高的境界。在整个行业以珍稀为贵，以迎合所谓鱼翅、燕窝为高消费的风气中，创造了一个红烧鲤鱼的神话，二斤、三斤、八斤、十斤，十条、二十条、五十条、一百条，都亲力亲为，他让一个企业因红烧鲤鱼而成名，让省会餐饮业纷纷效仿，让河南的鲤鱼重新回到高端宴席的台面上，让坊间食客和养鱼商家都脍炙人口，红烧鲤鱼也自此成为河南名菜一个新的代表，对于河南烹饪界，这个贡献无论给予多么高的评价都不为过。

如今，进长还做厨师，进长还在灶前，一片冰心、大师风范，让人敬仰。他在厨界是我们的骄傲，是豫菜的光荣，所作所为不负前辈、不愧后人，可谓一代宗师，值得学习。我曾有小赋曰："进长先生之技艺，以至炉火纯青之境，大鼎长勺，不论烹、炸、煨、扒，那是潇潇洒洒，锅中之物，莫说贵、贱、荤、素均为佳肴珍馔。臂力千钧，大鱼十斤，其烧来不过小鲜，能用分秒，核桃小腰，显功夫在须臾之间。进长先生极善用火、用汤，选料、调味则是豫菜真传，清汤鱼翅、葱烧海参、软溜金鲤、煎扒头尾、锅贴豆腐、奶汤广肚、雪山猴头油爆虾、烤方肋，种种河南名菜均能烹出精妙；金丝玉鸭、广肚裙边、金银大虾、玉井藏龙红扒蹄耳又是自成一家。可谓是用心专注，精进长勤，功夫常在陈家一门。承上启下、功在豫菜，陈进长先生不愧一代宗师也。"

我年轻进长兄几岁，又晚十年入"又一新"之门，作为同门师弟，为其书作序，故有一番絮语，算作评论，亦是心声。

河南省餐饮与住宿行业协会会长　张海林

2023年5月于郑州

目录

贰

陈进长的菜

壹

陈进长的路

八十岁还坚持上灶的
一代名厨

2023年4月3日，郑州，淅淅沥沥的小雨中，在阿庄地道豫菜的操作间，河南省省级非物质文化遗产中原烹饪技艺（豫菜）代表性传承人、80岁的陈进长一边手把手教徒弟们做菜，一边耐心讲解。

把广肚用温油浸泡，用油回软；在油温上升时，把广肚炸起；把油加热至七八成热时，把广肚炸透；捞出放凉用凉水泡软；改

刀片成片儿，用食用碱、面粉洗去表面的油渍，最后换水……利用这种程序涨发的广肚一斤可以涨发到四五斤。

在广肚炸起程序中，由于原材料、厨师掌握火候的不同，炸起的广肚起泡时会有珍珠泡、鱼眼泡、针鼻泡之分，而这个泡也会影响烧制后的广肚口感。

这是河南本土最传统的涨发广肚的方式之一，也是豫菜传统技艺的代表技法之一。利用这个技法，不仅可以提高广肚的涨发量，还可以提速，把涨发广肚的用时缩短为一小时左右。

"越是看似简单的菜品，其实越能考量一位厨师的技术水准。比如这道传统的'白扒广肚'，首先就是广肚的涨发，在不借助任何科技手段包括现代化学药品的条件下，一斤广肚你能涨发多少斤？在没有酸和辣的刺激下，你的白扒功夫有没有达到汤和油完全融合并被原料充分吸收，也就是'用油不见油'和'扒菜不勾芡，功到自然黏'的效果？"

年轻的徒弟们难免有分神的时候，油放多了、水放少了，这些情形都会惹得陈进长极不高兴。他说："我可以容忍你笨一点儿，但不能容忍你做事不认真，这是态度，这个态度会决定你做出来的菜品的口感、品质，进而影响食用者的心情。"

80岁高龄的名厨还能坚持手不离勺，这在河南省内不仅是唯一的，即便是在全国餐饮圈，目前也是凤毛麟角。

那年、那乡、那些事儿

年龄越长，似乎越容易陷入回忆中。80岁的陈进长如今就处于这种状态。

回忆往事，陈进长曾说："我与烹饪的一世情缘，也许就是天意。"

陈进长是河南省开封市尉氏县蔡庄镇大新庄村人。因为家里穷，身为家中长子的陈进长12岁才上学，两年后，还是因为贫穷而辍学了。辍学后的陈进长跟着父辈一起挖过河、打过堤，也跟着村里的小伙伴一起放过羊、喂过猪。那时的陈进长比同龄的小伙伴身量高、块头大，长得快，自然饿得也快。可在那个物资匮乏的年代，对于一个农家孩子来说，能吃饱饭，却只是一个梦想。而为了能实现填饱肚子的梦想，小陈进长也是耗费了洪荒之力去挖掘一切可以填饱肚子的饭食。他偷吃过坏花生米，也偷吃过用烂掉的红薯干做成的猪食。有一次因为坏花生米吃多了，陈进长一度烧心到在床上打滚。

彼时，中国农村实行的是"工分"制，要凭"工分"吃饭。

大集体时代，公社社员参加生产劳动被称为"上工"，工分就是那时生产队会计记录社员每天上工应得报酬分数的简称。工分的多少直接决定着社员一天的收入，所以，工分几乎是每个农村家庭唯一的经济来源，孩子上学、穿衣购物、油盐酱醋等一应开支均包含其中。因当时分配各种粮食、财物也都要使用工分，所以社员把工分看成是"命根子"。

也因此，壮劳力对于一个农村家庭来说意义重大。作为家里的壮劳力、顶梁柱，陈进长的父亲有时候会得到额外的"关照"。有一次，家里从公社领了两个杠子馍，陈进长的母亲就给即将出门干活儿的父亲加了个"小灶"。看着父亲小心翼翼地掰着杠子馍，一小口一小口地咀嚼、回味的时候，嘴馋的陈进长一边咽着口水一边暗暗念叨："啥时候能像村里那位老厨师一样到开封去做饭就好了。"去做饭，就意味着能有饱饭吃，那时候"碎碎念"的陈进长却做梦也没想到这一个念想竟然在半年后实现了，真应了那句"念念不忘，必有回响"。

1960年3月，开封市饮食技术学校到镇上招生，个头大、长相也齐整的陈进长和同村的另一个小伙伴被录取了。1960年3月底，陈进长要到开封市上学了。

长到16岁，陈进长是第一次出远门。"儿行千里母担忧"，临出发的前一天晚上，母亲从公社食堂领了三四斤黄豆面，全部

烙成了面饼，让陈进长吃饱后，又把剩下的面饼全部放进了陈进长的一个行李中。这一张张烙饼是一位母亲对儿子的牵挂，也从此成了陈进长的一个执念：谁说美食不是亲情呢？

被老师们接到了位于开封市区的开封市饮食技术学校后，平生第一次进城的陈进长，平生第一次吃到了白面馒头、喝到了大米粥，而平生第一次可以吃饱饭的感觉更让他对食物产生了深深的迷恋和敬畏。

当梦想照进现实

开封市饮食技术学校是由开封市饮食公司开办的一所公办学校，办学初衷就是为了较快、较好地培养专业人才，并改变从业人员的基本素质，这所学校也是新中国成立后较早开办的地方职业技术学校之一。

根据当时饮食服务行业的岗位、分工，开封市饮食技术学校当年分别开设了烹饪、理发、浴池、服务、旅社、洗染等八个行业班。好巧不巧，陈进长被分到了烹饪班，当初"到城里做饭"的梦想就这样成了真。

开封市饮食技术学校创办之初，就定下了"建立理论教育与实习操作相结合的教育体系"，也就是半天理论课、半天实操课的教学方式。这种教学模式不仅有助于学生们对于理论知识的进一步理解、加深，也锻炼了学生们的动手操作能力。

而为烹饪班学生授课的老师就是时任开封市饮食技术学校副校长、曾以一道"煎扒鲭鱼头尾"享誉大江南北的一代宗师黄润生先生。

黄润生，河南长垣籍中国名厨，曾任开封又一村饭庄灶头，后与赵廷良等创建又一新饭庄，烹饪技艺精湛，传统经典豫菜"干炸鲤鱼带网"就是他在北宋名菜"干炸鲤鱼"的基础上，再淋上蛋糊，炸成丝状做成的。做这道菜的难度在于炸、浆并举，边浆边淋。炸好的鲤鱼，金黄的蛋丝围在鱼的周围，丝不离鱼，鱼不离丝，肉嫩丝酥，既好吃又好看，从此才有了"干炸鲤鱼带网"之说。

1923年，65岁的康有为游历开封期间，河南军政要员在"又一村"设宴款待他。当时任"又一村"灶头的名厨黄润生精心烹制了几道开封特色

味烹侯鲭

癸亥康有为

名菜，康有为品尝后连连称好，其中最让他赞叹的便是煎扒鲭鱼头尾。食毕，康有为以西汉奇味五侯鲭为典故，当即泼墨写下"味烹侯鲭"四个大字。余兴未尽，又在一把折扇上题写："海内存知己，小弟康有为"，赠给制作此菜的灶头黄润生。一时间，黄润生和"又一村"名声大振。

"味烹侯鲭"是康有为取西汉奇味"五侯鲭"典故之意。在南北朝时，"五侯鲭"就已作为名菜被记入菜谱，宋代苏轼有诗云："今君坐致五侯鲭，尽是猩唇与熊白。"

1949年10月，黄润生被选为开封饭馆业工会副主任委员。1956年，黄润生代表"又一新"全体职工提出申请，"又一新"实现了公私合营，后又积极要求，同年10月，"又一新"转为国营，成为社会主义改造过程中开封饮食业的带头人。1957—1959年，开封市饮食公司培养技术人才，黄润生应邀从事教学工作，还与其他教师共同编写了《菜肴配头谱》（食谱），并示范操作、分解讲授，打破了传统的以师带徒传艺方式，为培养烹饪技术人才开辟了

新的途径。1960年，黄润生任开封市饮食技术学校副校长，除亲自教学授课外，还主持编写了《开封烹饪技术讲义》，此书从烹饪理论到例菜选择，都倾注了他从厨几十年的经验和心血。他手把手教过的学员，后来大都成为国内顶尖名厨。

作为开封市饮食技术学校首批学生的陈进长，就这样幸运地成为黄润生的正式学生。

陈进长说："黄润生先生幼年读过私塾，颇通文墨。新中国成立后，他把主要精力放在了烹饪的传承教育上，为豫菜的发展倾注了毕生心血。先生年近七旬，还依然手把手教弟子们灶上功夫，对烹饪的执着和热爱可谓'春蚕到死丝方尽，蜡炬成灰泪始干'。先生的敬业精神对我的影响非常大。"

老字号的传奇

　　1960年年底，从开封市饮食技术学校毕业后，陈进长被分配到了"又一新"工作，并师从黄润生、赵廷良、苏永秀、陈振声、陈景和等令今天的后辈看起来相当奢华和传奇的"豪华组合天团"，学习灶上功夫。

　　开封是八朝古都，饮食文化源远流长，北宋时期，更是"有美皆备，无丽不臻"。1913—1954年，开封市曾作为河南省省会，饮食一度以技法全面、用料广泛、善于涨发、刀工精细、配料严谨、火候讲究、重于制汤等特点享誉大江南北。由于历史的积淀，开封留下了很多老字号、老招牌，比如"又一新""第一楼""中兴楼""新生饭庄""稻香居""北京馆""雅北饭

又一新烹调组欢送
庞如亮同志留影
六五、二、六。

前排左二者为苏永秀，前排右一者为陈景和，后排居中者为陈进长

庄""味莼楼""小大饭庄"等。

其中，"雅北饭庄"的创办者宋登科是末代宣统皇帝"御厨"之一。当年，"宣统皇帝御膳房的大师傅很多，最有名的有两位，一位叫郑大水，另一位就是宋登科……这两位师傅每顿只做几样菜，都要有他们签名的银牌做标记"。

宋登科是长垣县三清观村人。1924年，宋登科趁冯玉祥逼宫顺利出逃，凭借出宫时带出的"八马图"和几十块现大洋在开封书店街开设了开封第一家冰激凌店。一年后，重操旧业，在南书店街开设"雅北饭庄"，门庭若市，生意十分兴隆。

"又一新"前身为"又一村"，创建于清光绪三十二年（公元1906年），曾接待过周恩来、杨虎城、冯玉祥、梅兰芳、康有为等政界要人和社会名流。周恩来陪同联合国官员视察黄河，梅兰芳到开封赈灾义演，都要请"又一村"（"又一新"）的大

师傅做菜。作为"正宗豫菜第一家""豫菜的黄埔军校"，新中国成立后，"又一新"为新中国培养、输送了一大批顶级烹饪大师。可以说，无论是钓鱼台国宾馆、人民大会堂，还是中国驻外使领馆，都有"又一新"的烹饪理念。

一个老字号，就是一部历史；一个老字号，就是一种文化符号；一个老字号，就是一座博物馆。

而当时在"又一新"这座博物馆中坐镇的除了黄润生，还有赵廷良、苏永秀，以及开封陈氏官府菜的代表性传承人陈振声、陈景和父子。

又一新烹饪组欢送汪增银同志留念
大四、十、五.

　　赵廷良，曾为"又一村"的技术骨干，后与黄润生等人创建"又一新"，20世纪30年代即以"菜多路广、烹技多样"名扬开封古城，并著称于国内烹饪界。赵廷良的扒、烧、爆、炒别具一格，制作的菜肴具有"大羹不和贵其质"的突出特点，受到国内同行和美食家的推崇。他曾以玉米天缨的"脆骨"烹制出色泽雅致、形如翡翠的"烧玉骨"，投入市场后，食用者无不称奇。他烹制的炒菜心极受食客推崇，大商人牛六常对人说："一桌鱼翅席，抵不过赵顺（赵廷良乳名）的一个炒菜心！"他制作的扒鲟鱼头尾、软溜鱼焙面、狮子头、烹虾仁等传统豫菜都是誉满烹坛的美馔佳肴。

1953年，赵廷良参与接待苏联要员赴豫专家组的服务工作，多次受到河南省人民政府的表扬；1963年，在开封"名师名匠"评选活动中，赵廷良被授予"名师名匠"称号。

名师出高徒。赵廷良言传身教，带出了很多技术精、功夫硬的高徒，后来名扬天下的钓鱼台国宾馆总厨师长侯瑞轩以及韩佰胜、李天耀、宋炳洲、吕长海等豫菜大师都出自他的门下。1960年起，他开始从事烹饪教育工作，为豫菜培养了大量专业技术人才。他还积极参加《开封烹饪技术讲义》的编写工作，为豫菜的传承和发展作出了巨大贡献。

苏永秀，一代豫菜大师、"又一新"创建人之一。1964年，苏永秀被商业部任命为特级厨师；1978年，苏永秀被商业部任命为特一级烹调师，居当时河南省名师之冠。

苏永秀是豫菜大师，并旁通西餐制作，无论是山珍海味、鸡鸭鱼肉，还是家常蔬菜，他都能得心应手地烹制出色、香、味、形俱佳的珍肴美馔。他精刀工，其麦穗、蓑衣、菊花、荔枝，刀花玲珑剔透，令人叹为观止；其刀法之妙，已达到出神入化之境，一块寸方的五香豆腐干，就能被他切出近千根细丝。苏永秀的名菜甚多，尤以白扒熊掌、烧猴头、紫酥肉、八宝布袋鸡、套三环、佛手鱼翅、烩蟹羹、蜜炙一品肉、糖醋溜鱼焙面（当代，"溜"亦写作"熘"）、琥珀冬瓜等闻名遐迩。他用红薯、萝卜、冬瓜制成的素鸡、素鱼虾，不但形美色佳，且"鸡"有鸡香、"虾"有虾味，备受食客赞赏。

苏永秀不仅技艺绝佳，且勤于著述。新中国成立后，他认真学习文化，钻研烹饪书籍，通过带徒、办训练班、到技术学校讲课等方式将自己的知识和经验毫无保留地传给后辈。1960年他参与编写《开封烹饪技术讲义》，1973年主持编写《开封食谱》，1982年主持编写《河南名菜谱》等图书，在业内享有极高声誉。

陈振声、陈景和皆出自名厨世家开封百年陈家菜。陈振声，幼读私塾，后随其父陈永祥学厨。他勤奋好学，加之父亲严格要求，20多岁便成为烹饪高手。1924—1938年，陈振声先后在河南省省长公署、河南省政府担任主厨（总领厨）。当时河南省政府各厅举办宴会，亦常请他前去指导领厨，曾因为河南省督办兼省长胡景翼做全羊席而名震省城，是当时开封衙门派名厨的代表人物。

陈振声精通红、白两案，擅长满汉全席、全羊席、全素席、燕翅席、鱼翅席、广肚席的烹制，被当时名厨赵廷良、宋礼斋、李春芳誉为"衙厨第一"。陈振声在烧烤、蜜饯、腌渍山珍海味及特殊原料的涨发方面极为独到：他发制的海参、鱿鱼有筋骨，"筋拽拽、扑棱棱"，质感极好；他炸制的广肚，不仅能够全部涨起，水发后不碎、不烂、不哝，而且能多出料约四分之一；黄鱼肚薄如纸，厨师往往弃之不用，但经陈振声炸制后，厚达一扁指，非行家难辨真伪，被称为"假鱼肚"。

陈振声炸制蹄筋有三招：第一招是少动身，起泡如针鼻，名曰珍珠泡，可切成丝，用于鱼翅垫底，色、形真假难辨；第二招是半酥半广，口感好；第三招是起泡大、圆，匀称。

开封沦陷期间，陈振声坚决不为日伪政权服务，去了开封东郊农村种地，直至抗日战争胜利。1945年9月至1948年10月，陈振声先后在社会食堂、民生食堂担任主厨。新中国成立后，他先后在又一新饭庄、第二食堂担任主厨。

陈景和生于名厨世家，为陈振声次子，13岁随父学习厨艺。1945年，他在开封鼓楼街社会食堂、民生食堂担任主厨。新中国成立后，他又先后在开封十乐芳饭庄、又一新饭庄、第二食堂担任主厨。1978年，陈景和调宋都宾馆，担任宾馆副总经理兼餐厅部主任，曾获全国商业特级劳动模范，是同时代河南厨师中厨艺水平较高、影响较大的大师级人物。他制作的传统菜品中，尤以糖醋溜鱼、凤栖梨、烧臆子、紫酥肉、烧广肚、爆双脆、白扒鱼翅等经典豫菜最为著名，由他制作的糖醋软溜鲤鱼焙面，曾被收入《中国烹饪百科全书》。

陈景和继承陈家菜之精华，与弟弟陈景望用四十六种肉类、蛋糕、蔬菜、香料，模拟古代"汴京八景"的秀丽景色，创制"汴京八景宴"，堪称一绝。1979年、1981年，陈景和两次随开封市经济考察团赴深圳访问，并应深圳市政府邀请进行烹饪技术现场观摩表演。他用爆火，翻锅180度，锅转油不转，一锅烹制4条黄河鲤鱼（每条重750克），连体撩起大翻身的绝活儿技惊四座，观摩者无不拍手称绝。1983年，在首届全国烹饪名师技术表演鉴定会上，他被聘为河南代表团技术顾问，为代表团参赛提供技术支持。1988年，在第二届全国烹饪名师技术表演鉴定会中，河南省共获得4枚金牌，其中3枚金牌被其子陈长安与他的一位徒弟夺得。

陈景和言传身教，不仅为《开封食谱》《开封名菜》《河南名菜》《中国名菜·河南分册》等书的编写，以及拍摄《华夏菜系》《豫菜》声像资料提供了大量资料和技术指导，而且还为河南培养出一大批厨艺人才，他的许多徒弟后来成为国内较有影响力的高级技师、烹饪大师。

命运有时候就是这么的神奇：这样的一个传奇组合，这样的一个跟传奇零距离接触、学习的机会，偏偏都被"好运"的陈进长遇上了。

师父

　　陈进长被分配在"又一新"工作时，由于赵廷良先生已经年过七旬，因此，每天上午赵先生到"又一新"指导工作的时候，"又一新"都会安排一位年轻人到家里接送。

　　也许是少小离家的缘故，使得陈进长对长辈、对亲情有着一种天然的依恋，所以，当接到每天上午接送赵先生的任务时，脑子灵光、手脚勤快的陈进长就乐呵呵地应承下来了。从此以后，无论寒暑，每天早上，胡同巷口的邻居们总能看到那个高大壮实的小后生进出赵先生家门的身影。

前排右一者为陈景和，后排居中者为陈进长

　　找到自己喜爱的职业，并且能够跟着这么多的名师学艺，年少的陈进长是欢喜的，因此，无论老师们分派什么活儿，如拾煤渣、侍弄煤火、择菜、洗菜、炒菜等，陈进长都格外珍惜且努力，也因此感觉一上午的时间太有限了，总是有种意犹未尽的感觉。于是，每到下午空闲时间，陈进长就会跑到赵先生家中"吃小灶"。时间长了，赵廷良也渐渐喜欢上了这个好学、肯吃苦的小后生，就把自己的一些经验毫无保留地传授给了陈进长，"炸嘟胗、嘟炸胗、嘟炸荔枝胗、炸槟榔胗，拌白肉、白拌肉，切白肉、白切肉"等这些绝活儿口诀，至今陈进长都能随手写下来。

而赵廷良先生坐在灶台旁，凭借着声音就能判断小酥肉是否炸透、炸熟，溜鱼的功夫是否合格，烘汁的技术是否到位等更令陈进长仰止。比如做软溜鲤鱼，徒弟烘汁时，赵先生总能根据锅中冒泡的声音，判断出汁是否烘起来了。他说，如果汁被烘起来了，是"唰唰"的声音，反之，则是火候功夫不到家。

　　多年后，每每回忆起来，陈进长仍会感慨："那得是有多用心、对厨艺有多热爱才能钻研到如此程度啊！"

　　在跟随黄润生、陈振声、陈景和等师傅学艺的过程中，陈进长发现，黄润生不仅厨艺精湛，还擅长于原料的识别与采购，常说："货问两家不失眼""饮食业是买出来的利"。黄先生买莲子，只需手一抄，然后查看手上带出来的灰尘及碎屑，便能甄别良莠。

　　而陈振声老爷子年近七旬还拎锅上灶的情景对陈进长也是触动极大：将来要是能像师爷这样活到老干到老，该有多荣光啊！

　　当时，在"又一新"的主厨中，陈景和的年龄与陈进长父亲的年龄接近，故而陈进长与陈景和最为亲近。陈景和见他聪颖好学，懂孝悌、守礼仪、知进退，且沟通能力颇强，于是，渐渐地便把陈进长收在了自己身边，并于1963年正式收陈进长为徒，主授他灶上功夫。

　　从小便得了开封衙门派真传的陈景和的活儿，令陈进长至今想起来仍不住咂舌："师父家的绝活儿那是没的说。他老人家家传的'烤方肋'颜色好看还不裂口，为什么？那是因为在烤之前首先要将三层五花肉抹上蜂蜜，再刷花椒水，这样色亮且持久；烤肉之前要用竹签子往猪皮上扎些小孔，就是要避免烤出来的方肋裂口。"

"溜鱼，师父用的是不挂糊；炒肉片，师父则用全蛋糊，这样炒出的肉片放到第二天都不会回软；还有陈家涨发广肚等这些看似简单的烹饪技法，其实都是陈家几代人的智慧结晶。能拜在这样的师父门下学习，我三生有幸。"

而在众多大师的教诲、熏染下，陈进长对他们常常强调的"手艺人""匠人"有了更明确的认知：不忘初心，方得始终。他暗暗发誓：将来，要做像他们一样的"手艺人"。

前辈们不仅教陈进长学艺、做人，在陈进长的生活上也是照顾有加。

1961年年末，陈进长母亲在老家病逝。得到消息后，陈景和立即掏出了两块钱，并给陈进长借了一辆二八自行车，让他火速回家。

1962年，陈进长结婚时，赵廷良先生专门封了一个五块钱的红包并亲手写上贺词交给陈进长。

两块钱、五块钱放在今天太不起眼，可放在20世纪60年代却是一笔大多数人都拿不起的"大数"，因为那个时候全国人民的平均月工资也就是三四十块钱。这份情意令陈进长今天回想起来仍是泪流满面。

1966—1967年，陈进长两次被选派带领河南厨师团队至北京

帮厨（其间，还曾在国务院办公厅帮厨）。临去北京前，正值隆冬，恩师陈景和担心爱徒在北京挨冻，把自己舍不得穿的一双三接头皮鞋送给了陈进长。

此情种种，让陈进长对恩师有着一种亲情的依恋。这种依恋不仅使得陈进长成为陈老爷子最得意的弟子之一，这种经历也使得陈进长一生研发的每一道菜品都在家常与传统中透着一股子浓浓的乡情、亲情，浓得让你躲不掉、走不开，直击盼望温情的血液中。

以润物细无声的方式、以豪华落尽见真淳的格调凸显情感诉求，从舌尖的层次更迭中品味出世道人心，正是中国烹饪最厉害的地方，也可以说是中国烹饪的最高境界。

师傅领进门，修行在个人

　　俗话说："师傅领进门，修行在个人。"一出道就遇上了这么多的贵人，似乎有点出道即巅峰的感觉，但是如果自己不努力，一切也都只是摆设。何况，不踏踏实实地把手艺学到家，将来怎么养家糊口？又怎么对得起老师们对自己的期许呢？于是，并没有上过几年学堂的陈进长开启了勤记笔记、勤背口诀、勤练习、勤上灶的学习模式。

　　但写笔记，并不是陈进长的长项，毕竟一写字才发现：原来有那么多字都不会写呢。怎么办？为了不耽误听讲，陈进长就先在笔记本上画上只有自己才认得的符号，有点像结绳记事。等空闲下来了，陈进长再去学汉字、认汉字，然后把笔记填满。这样

坚持下来的结果是：不仅学习了烹饪技法，还顺便把那些年欠下的文化课给补了补，竟是一举两得。

在不断的学习中，陈进长对食物的认知也从最基本的"填饱肚子"发生了质的飞跃：原来食物不仅是用来饱腹的，它还是人类文明活动的一个重要组成部分。这就难怪为什么几乎每一盘菜、每一道糕点、每一碗汤食、每一种风味小吃，陈进长都能从前辈、老师们口中听到一个有趣的故事，感受到一种生活智慧，进而品味出菜品的神韵。

从前辈、老师们的言传身教中，在日复一日基本功的苦练中，陈进长对豫菜的认知也在不断提升：豫菜是中国烹饪的组成部分之一，在中国烹饪发展史上占有非常重要的地位，对中国烹饪文化的形成与发展有着重大的影响。

一乡一风味，一味一世界。任何一个地域的饮食特色，都与养育它的那方水土息息相关，河南饮食亦是如此。也许是地处"天地之中"的缘故，"和"在豫菜文化中体现得淋漓尽致。"人禀天地中和之性，菜具饮食中和之味"。河南饮食，质味适中，五味调和，不偏甜、不偏咸、不偏辣、不偏酸，于甜咸酸辣之间求其中、求其平、求其淡，此为"中"；融东西南北为一体，调甜咸酸辣为一鼎，此为"和"。

豫菜在制作过程中，每一个环节、每一个步骤都有自己技术的构成要求和特色，即用料广泛、善于涨发、刀工精细、配料严谨、火候讲究、重于制汤，这是豫菜在几千年的沿革过程中形成的独有特色。

在"中和"的基础上，豫菜的口味追求的是"清""爽"。比如，在河南的传统宴席中，一桌酒席连续上菜的中间，堂倌会多次"敬汤"，但并不计算在账上，这些汤有的加少许鸡丝，有的加少许榨菜丝，有的加少许海参丝或鱿鱼丝，有的加少许肚丝等，这些充分体现了河南菜的"中和""清""爽"之道。

在辣味的处理上，豫菜中的辣椒子鸡类似川菜的宫保鸡丁，但是豫菜的辣椒子鸡是以雏鸡切丁，加上辣度不高的新鲜辣椒和少许嫩竹笋小丁烹炒，有辣味而不甚辣，强调"清""爽"二字。豫菜的下酒冷菜中如果需要用鸡肉做冷盘，会选用烧鸡或者桶子鸡，切成条块，不再添加任何作料，充分契合对"清""爽"的要求，与川菜冷盘中的怪味鸡和蒜泥鸡片（丝）有着明显的区别。再如，豫菜传统名菜爆双脆，用鸡胗和肚花爆炒而成，红白相配，入口脆嫩，从视觉到味觉，都体现出"清""爽"的特色。即便是一道最普通的醋溜豆芽，也要选取短粗肥嫩的绿豆芽，掐去"尾巴"，少加韭黄，爆炒至七成熟时，再加入醋、花椒油、见红不见辣的红椒丝，然后快速出锅装盘，嫩脆清爽的特色表现得淋漓尽致。

豫菜如此厚重，豫菜大师们"择一事终一生，不为繁华易匠心"的风骨，还有师爷陈振声宁可回乡下种田也不愿意给日伪政权服务的气节，都深深感染着陈进长，令陈进长对自己的职业有着无与伦比的自豪感。

都说："吃得苦中苦，方为人上人。"清代蒲松龄就曾写过这样一副对联："有志者，事竟成，破釜沉舟，百二秦关终属楚；苦心人，天不负，卧薪尝胆，三千越甲可吞吴。"如今，陈进长冬练三九，夏练三伏，个人的成长、进步自然也是显著的：1962年，年仅18岁的陈进长就已经开始在"又一新"掌勺；1963年，陈进长被选派至中国驻罗马尼亚大使馆担任厨师，但后来由于父亲坚决不让其出国，只好放弃；1966年、1967年，陈进长先后两次受命带领河南厨师团队奔赴北京帮厨支援……

通集四海之珍奇皆歸市易會寰區之異味悉
在庖厨花光滿路何限春遊簫鼓喧空幾家夜
宴伎巧則驚人耳目侈則長人精神瞻天表
則元夕教池拜郊孟享頻觀公主下降皇子納
妃修造則創建明堂冶鑄則立成鬥雞觀妓籍
則府曹衙罷內省宴回看變化則舉子唱名武
人換授僕數十年爛賞疊遊莫知厭足一旦兵
火靖康丙午之明年出京南來避地江左情緒
牢落漸入桑榆暗想當年節物風流人情和美

二

但成悵恨近與親戚會商談及羲昔後生往往
妄生不然僕恐浸久論其風俗者失於事實誠
爲可惜謹省記編次成集庶幾開卷得觀當時
之盛古人有憂遊華胥之國其樂無涯者僕今
追念回首悵然豈非華胥之夢覺哉目之日夢
華錄然以京師之浩穰及有未嘗經從處得之
於人不無遺闕倘遇鄉黨宿德補綴周備不勝
幸甚此錄語言鄙俚不以文飾者蓋欲上下通
曉耳觀者幸詳焉紹興丁卯歲除日幽蘭居士

三

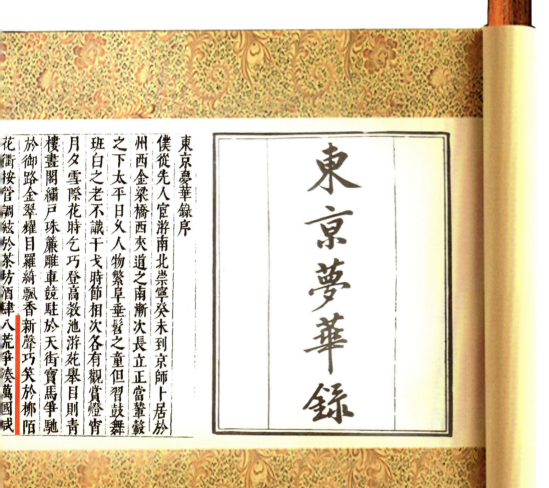

東京夢華錄序

僕從先人宦游南北崇寧癸未到京師卜居於
州西金梁橋西夾道之南漸次長立正當輦轂
之下太平日久人物繁阜垂髫之童但習鼓舞
班白之老不識干戈時節相次各有觀賞燈宵
月夕雪際花時乞巧登高教池游苑舉目則青
樓畫閣繡戶珠簾雕車競駐於天街寶馬爭馳
於御路金翠耀目羅綺飄香新聲巧笑於柳陌
花衢按管調絃於茶坊酒肆八荒爭湊萬國咸

名就

　　时间来到了1978年。陈进长代表"又一新"参加河南省工人技术大比武，其中一项是比试"活鸡快做"，从杀鸡开始，去毛、清理内脏、做成鸡丁，看谁用的时间短。陈进长以55秒的成绩胜出，获得"河南省技术能手"称号。从此，他有了"第一快手"的美誉。

　　1981年3月，一纸调令，把已经成为"又一新"第四代传人、时任"又一新"主厨的陈进长调到了省会郑州，担任由河南省外事办、河南省旅游局主管的国际饭店的厨师长。

　　时值改革开放之初，祖国大地一派欣欣向荣的气象，国际饭店当时的主要任务是接待国际贵宾和国内的重要会议。为了更好地向国际社会，国际政要、友人，以及国内其他城市展示河南形象，同时也为了新时期下的豫菜能够健康有序地发展进步，国际饭店特意安排陈进长在入职前，到北京仿膳饭庄、人民大会堂、钓鱼台国宾馆等学习了半年。那半年里，陈进长大开眼界，他见识、学习了日本厨师的日式宰杀、烹饪技法，见识、学习了时任人民大会堂国宴大师的李天耀国宴菜的刀工、技法，以及后来担任钓鱼台国宾馆总厨师长侯瑞轩中餐西吃的做法：吸取国内各大菜系的精华，结合西餐的特点，在真、野、名、特、鲜上下功夫，烹调名菜佳肴，不仅保持了中国菜的色、香、味、形、器俱佳的优良传统，而且又符合现代营养学低糖、低盐、低脂肪、高蛋白的"三低一高"的要求……

国外同行、国内前辈的这些招待经验，除了令陈进长惊艳外，更令原本已经有点"傲娇"的陈进长看到了自己与前辈的差距，深感学海无涯、艺无止境的道理，也更加感慨黄润生、赵廷良两位先生曾经的劝勉："路漫漫其修远兮，吾将上下而求索。"

那就继续"上下求索"吧！

1981年9月，刚回到国际饭店的陈进长就接到了一个重大任务：河南省政府邀请欧美等20多个发达国家在郑州举办一场小型的项目、商品交易洽谈会，俗称"小交会"，届时，多个国家的重要嘉宾将下榻国际饭店。接到这个任务后，陈进长考虑很久，最终还是以突出本土饮食特色为重点，利用豫菜"质味适中、五味调和"的特点，结合西方人的用餐习惯，推出烧鱼、溜鱼、炸八块、扒广肚、炒白鱼片等豫菜传统经典菜品。一经推出，广受国外友人赞誉，陈进长一战成名。

1985年，陈进长应邀赴香港世界贸易中心进行豫菜技术表演一个月。结果，他做的鲤鱼焙面、桶子鸡、烧鲍鱼、柴把鸭、少林罗汉斋等传统豫肴大菜在香港火了一个多月。

火到什么程度？著名饮食文化学者、《舌尖上的中国》美食顾问孙润田说："这可是咱河南烹饪名师首次走进香港表演啊，不仅当地的烹饪界同行纷纷前来学艺、切磋，香港市民也是每天排长队来观摩、品尝，眼界、胃口大开。最'火'的要数香港媒体的'老记'们，陈师在香港的一个月，基本上每天都把他围得里三层外三层！"

同年，陈进长又被派至改革开放后河南省内第一家合资酒店工作，该酒店由河南省外事办、河南省旅游局主管，负责国际、国内重要接待任务。当时与陈进长一起主厨的还有几位香港厨师。

经济基础决定上层建筑，这句话放在哪里似乎都适用，因为陈进长能明显感觉到几位香港厨师对内地不发达地区厨师的不屑。但是，到了1986年的春节，这种局面被打破了。大年夜那天，由于几位香港厨师没有归港返家，河南省外事办安排代表与几位香港厨师聚餐，以尽地主之谊，结果，陈进长做的白扒广肚、炸八块、烧瓦块鱼、芙蓉鸡片等经典豫菜当场震撼了香港厨师。春节后，被一顿年夜饭"惊艳"了的几位香港厨师拎着茅台酒、杜康酒专程跑到陈进长家中拜访，一是表示对豫菜、对陈进长厨艺的致敬；

二是希望可以和陈进长交个朋友，经常切磋厨艺。

1988年，在第二届全国烹饪大赛上，河南省代表团获得4枚金牌。其中，陈进长烹制的清蒸头尾炒鱼丝、玉鸭金凤翅独得金牌两枚的成绩被业内传为佳话。

1997年，陈进长以月薪两万元人民币的身价被上街盛誉宾馆"挖走"，创下了那个年代河南省内厨师界薪资的天花板，并由此拉开了省内酒店以后厨为重，高薪"抢人"的序幕。

薪火相传

当初拜恩师陈景和学艺时，陈进长曾发誓：一、定尽心尽力学习；二、师徒为父子，一日为师，定终身视恩师如父。

饮其流者怀其源，学其成时念吾师。

如今，终于"名就"了，可以"慰吾师"了，因此，每至年节，陈进长都会到恩师陈景和家中看望。而随着恩师年龄的不断增长，陈进长看望师父的频率也越来越高，尤其是领了"高薪"后，陈进长每次回家后都要在第一时间赶到开封去看望师父，并送上一份红包孝敬师父，这份孝心一直保持到2000年师父去世。他说："一日为师，终身为父，没有恩师以及当年'又一新'众位先生的细心培养、毫无保留的传授，哪有我陈进长的今日？"

"源源衣食赖生存，难忘天恩拜至尊。自省平生少愧事，不留污点辱吾门。"

豫菜烹饪博大精深，如果说初学艺时，陈进长对豫菜的理解是"昨夜西风凋碧树，独上高楼，望尽天涯路"；那么，在郑州一战成名之后的相当长一段时间，陈进长对豫菜的理解则是"衣带渐宽终不悔，为伊消得人憔悴"；而到了知天命之年后，陈进长对豫菜的理解又转为了"梦里寻他千百度，蓦然回首，那人却在灯火阑珊处"。

河南是中华文明的发祥地之一，饮食文化自古发达。从地域及烹饪特点来说，豫菜大致可以分为东扒、西水、南炖、北面。

东扒即扒菜，以豫东开封为代表。菜品种类很多，有红扒、白扒之分；菜式多样，有扒广肚、扒海参、扒白菜、扒羊肉等。

西水是指以洛阳水席为代表的水席菜。水席制作主要是把普通的原料细加工成为精品一绝。水席菜品很多，其中的牡丹燕菜，就是将白萝卜切得细如发丝，通过拌、蒸制熟后，呈燕窝丝状，然后配上熬制的高汤，组合成菜，不但形状好看，吃起来很鲜，营养也很丰富。

南炖是指用豫南特有的原料，做成的有独特风味的炖菜品，以信阳地区为代表。汤汁不浊，香味醇正，有鲜味的，有香辣味的，有以整料成形的，也有切成花朵样儿的。口感以原汁原味为主，有"赛江南"之誉。

北面。地处豫北的大平原是河南乃至全国主要的粮食生产基地，故有南稻北麦之说。产出的粮食，有粗粮，有细粮，也有谷米面，生产的面粉品种繁多，制作的面食有糕点、馅饭等，各种

主食产品有糖糕、大麻花、牛忠喜的烧饼、贡馒、安阳皮渣、滑县杠子馍、长垣油馒头、鸡汤豆腐脑、油馍、武陟油茶等百余种。

北宋时，都城东京（今开封市），菜馆林立，饮食业特别繁荣，菜肴品种不计其数，风味多样，"会寰区异味，悉在庖厨"。很多延续至今的饮食品种都是在这个时代或形成、或流行并延续到当代的，比如，我们今天的全民食品包子、大街小巷随处可见的糖炒栗子、杭帮菜的经典菜品宋嫂鱼羹等。

宋代以后，由于政治中心的迁移，加之战争、水旱灾害等因素的影响，河南菜的发展相对迟缓。但是，优秀的饮食文化传统不可能一下子消失，加之治黄河务官员在生活上的畸形享受，"一时饮食衣服、车马坑好，莫不斗奇逞巧，其奢侈有帝王所不及者"（《春冰室野乘》），所以，到了清代，河南菜仍有一些名菜影响甚巨。比如，"河工"菜中的鱼翅用量极大，也就促使了"扒鱼翅"的发展。

民国时期，豫菜也曾一度成为北京、上海等地的主流美食之一。那时，北京有豫菜连锁名店厚德福，上海有豫菜名馆梁园致美楼，太原有豫菜名馆林香斋，西安有豫菜名馆清雅斋。其中，当时的厚德福饭庄，因为袁世凯的情有独钟而名噪一时，成为达官显贵、文化名人、商人等社会名流的主要聚集地之一，分号一度拓展到上海、天津、沈阳、西安、青岛、南京、成都等地。

鲁迅先生就是豫菜的忠实拥趸之一。据记载，鲁

铁锅蛋

北平前门外大栅栏中间路北有一个窄窄的小胡同，走进去不远就走到底，迎面是一家军衣庄，靠右手一座小门儿，上面高悬一面扎着红绸的黑底金字招牌"厚德福饭庄"。看起来真是不起眼，局促在一个小巷底，没去过的人还是不易找到。找到了之后看那门口里面黑黢黢的，还是有些不敢进去。里面楼上楼下各有两三个雅座，另外有三五个散座，那座楼梯又陡又窄，崄巇难攀。可是客人一踏进二门，柜台后门的账房苑先生就会扯着大嗓门儿高呼："看座儿！"他的嗓门儿之大是有名的，常有客人一进门就先开口："您别喊，我带着孩子呢，小孩儿害怕。"

厚德福饭庄地方虽然逼仄，名气不小，是当时唯一老牌的河南馆子。本是烟馆，所以一直保存那些短炕，附带着卖些点心之类，后来实行烟禁，就改为饭馆了。掌柜的陈莲堂是开封人，很有一把手艺，能做道地的河南菜。时值袁世凯当国，河南人士弹冠相

庆之下，厚德福的声誉因之鹊起。嗣后生意日盛，但是风水关系，老址绝不迁移，而且不换装修，一副古老简陋的样子数十年不变。为了扩充营业，先后在北平的城南游艺园、沈阳、长春、黑龙江、西安、青岛、上海、香港、重庆、北碚等处开设分号。陈掌柜手下高徒，一个个地派赴各地分号掌勺。这是厚德福的简史。

厚德福的拿手菜颇有几样，先谈谈铁锅蛋。

吃鸡蛋的方法很多，炒鸡蛋最简单。常听人谦虚的说："我不会做菜，只会炒鸡蛋。"说这句话的人一定不会把一盘鸡蛋炒得像个样子。摊鸡蛋是把打过的蛋煎成一块圆形的饼，"烙饼卷摊鸡蛋"是北方乡下人的美食。蒸蛋羹花样繁多，可以在表面上敷一层干贝丝、虾仁、蛤蜊肉……至不济撒上一把肉松也成。厚德福的铁锅蛋是烧烤的，所以别致。当然先要置备黑铁锅一口，口大底小而相当高，铁要相当厚实。在打好的蛋里加上油盐作料，羼一些肉末、绿豌豆也可以，不可太多，然后倒在锅里放在火上连烧带烤，烤到蛋涨到锅口，作焦黄色，就可以上桌。这道菜的妙处在于铁锅保温，上了桌还有滋滋响的滚沸声，这道同于所谓的"铁板烧"。而保温之久尤过之。我的朋友李清悚先生对我说，他们南京人所谓"涨蛋"也是同样的好吃。我到他府上尝试过，确是不错，蛋涨得高高地起蜂窝，切成菱形块上桌，其缺憾是不能保温，稍一冷却蛋就缩塌变硬了。还是要让铁锅蛋独擅胜场。

赵太侔先生在厚德福座中一时兴起，点了铁锅蛋，从怀中掏出一元钱，令伙计出去买干奶酪（cheese），嘱咐切成碎丁羼在蛋里，要美国奶酪，不要瑞士的，因为美国的比较味浓，容易被大家接受。做出来果然气味喷香，不同凡响，从此悬为定例，每吃铁锅蛋必加奶酪。

现在我们有新式的电炉烤箱，不一定用铁锅，禁烧烤的玻璃盆（casserole）照样可以做这道菜，不过少了铁锅那种原始粗犷的风味。

045

壹 陈进长的路

资料来源：《雅舍谈吃》，北方文艺出版社，2018年3月。

资料来源：《鲁迅日记》，人民文学出版社，1959年8月。

迅先生定居上海的10年间，最常去的馆子除了家乡味的"知味观"，就是豫菜馆子"梁园致美楼"。由长垣籍名厨郭玉林、李四志在民国初年创办的这家豫菜馆子，以特色的溜鱼焙面、烧托豆腐、干炸鱼带网、陈煮鱼及炸核桃腰等经典豫菜闻名上海滩。

根据《鲁迅日记》中所记，仅1934年10月至12月，鲁迅先生或在梁园设宴，或应邀至梁园赴宴，或请梁园大厨至家中落作，就有五次。据说，"糖醋软溜鲤鱼焙面""铁锅蛋""炸核桃腰""酸辣肚丝汤"等是鲁迅先生在梁园常点的菜品，后来被长垣籍的厨师们整合为"鲁公筵"，以纪念鲁迅先生。

而文化名人梁实秋最爱去的豫菜馆，是北京的厚德福。厚德福的铁锅蛋、瓦块鱼等名菜一直留存在梁实秋的记忆中，到了台湾还念念不忘。在《雅舍谈吃》中他写下了记忆中的"铁锅蛋"："这道菜的妙处在于铁锅保温，上了桌还有滋滋响的滚沸声。这道理同于所谓的'铁板烧'，而保温之久尤过之。"

"铁锅蛋"使用的是生铁铸成的厚约1厘米的专用铁锅，形状像一只带盖的大碗。铁锅盖子先在火上烧红备用，然后将鸡蛋打碎倒入锅中打散起沫。接着将鱿鱼、海参、干贝、海米、玉兰片、香菇、南荠等配头切成蝇头小丁，另取头汤一碗，加精盐、味精等一并倒入锅内，与鸡蛋液一起搅拌均匀。然后将铁锅放在微火上不时搅动蛋液，待七八成熟时立即将烧红的锅盖扣上，锅内的鸡蛋就会迅速膨胀。掀开锅盖，色彩斑斓、鲜香四溢的铁锅蛋即大功告成。

上桌的时候不倒盘，直接上桌，用汤匙舀去琥珀色的表皮，淡黄色的蛋脑就露了出来。红、黄、绿、白、黑各种配头像五彩珍珠，点缀其中。食用时佐以姜末、香醋，口感鲜香滑嫩、清爽利口，间或还有一股蟹黄的鲜味，令人回味悠长。

新中国成立后，黄润生、赵廷良等豫菜老一辈烹饪大师以"俯首甘为孺子牛"的无私奉献精神，为新中国培养、输送了一大批顶级烹饪大师，为中国烹饪的发展立下了汗马功劳。

曾有人说，吃豫菜有点像两个人过日子：平和、耐嚼，少了点浪漫，却多了些厚重，偶尔回想起来，连每一次的争吵都会耐人寻味。这种说法多少道出了豫菜的一些特质：丰富、厚重、雍容、淡泊，甚至还有点坐拥天下的大度。

而无论身处哪个时代，豫菜从不故步自封，它在煎、炸、溜、扒、烧、烤、蒸、炒、煮、烩、酿、爆等技艺的基础上，始终都以"君子和而不同"的儒家态度包容、接纳新生事物、不同流派，并愿意学彼之长，补己所短，不断开阔自己的视野，并在包容中不断地寻求与时代、城市共生、共长、共荣、共存的"和解之道"，这是河南的胸怀，更是豫菜在历经千年风雨之后淬火成钢的自信和从容！

20世纪90年代末，由于经济发展等原因，以广东省、浙江省等经济发达地区为代表的粤菜、杭帮菜、川菜等外邦菜系陆续登陆河南，并迅速形成合围之势，一度成为河南的餐饮主流。亲身经历豫菜由辉煌转入落寞的陈进长开始不淡定了。少小离家，深受黄润生、赵廷良、陈振声、陈景和等先生、恩师薪火传承思想影响的陈进长，深感自身肩负的责任和使命感，他说："河南很伟大，豫菜很优秀。豫菜这么好的东西传承到今天不容易，不能在咱们这一代人手中丢喽。"

陈进长深知，豫菜要想长足发展，突破当时来自发达省份、地区等外来菜系的重重包围，当务之急是要先解决后继乏人、乏术的忧患。于是，他便逐渐把重心、精力放到了带徒、传承的工作上来。

"炒菜，炉心要虚，炉边火力则要旺；为人，把德修好是基础。德好+技术好，才能炒出好菜"；"做菜要精益求精，做人要诚信踏实，同样容不得马虎"；"有手艺、有绝活儿，更要有对烹饪这门手艺的敬畏态度"，"要有手艺人坚守的匠心精神"……就像当年"又一新"的那些先生一样，他现在又把自己的厨艺认真地传授给每一位愿意学习豫菜的年轻人。

壹
09

路漫漫其修远兮
吾将上下而求索

2004年，陈进长退休之后，坚持一边带徒，一边上灶，并不断穿梭于郑州的各大酒楼间。他想尽可能地利用自己的名气、技术为豫菜找一个好平台、找一个好的传承点和突破点。

陈进长的突围点后来锁定在了"红烧黄河鲤鱼"这道经典菜品上。

鲤鱼，自古就被视为一种吉祥物，有"鱼之王"之说，并被赋予了更多的文化象征，民间的刺绣、剪纸、雕刻、绘画等常以鲤鱼为题材传递吉祥、祝福的寓意。所以说，鲤鱼文化也是黄河文化乃至中华文化的重要组成部分。

在古代，俗传用绢帛写信装在鱼腹中传递信息，故，鲤鱼有"鱼素"之称，古人寄信时也常把书信结成双鲤形状。汉乐府诗《饮马长城窟行》即有"客从远方来，遗我双鲤鱼。呼儿烹鲤鱼，中有尺素书"。唐代诗人李商隐《寄令狐郎中》也有："嵩云秦树久离居，双鲤迢迢一纸书。"

鲤鱼还常被作为凭信。隋唐时期朝廷颁发给百姓"鱼符"（又叫"鱼契"），是指雕木或铸铜成鱼形，刻字其上，以此为凭信。

古人认为"鲤"是神仙的伴侣，或视它是神仙的坐骑鱼，《尔雅翼》中有"鲤者，鱼之王。形既可爱，又能神变……以其灵仙所乘，能飞跃江湖故也"。鲤鱼的"鲤"和"利"谐音，故有"渔翁得利""家家得利"之说。

因为"鱼"和"余"是谐音，所以，"连年有余（鱼）"就成了中国人春节永恒的祝颂主题，无论是年画，还是剪纸，中国人都要把鲤鱼当作吉庆的象征，与莲花组成传统的吉祥图案，寄托对家族兴旺、富足有余的祈盼。

古代还有一种传说，黄河鲤鱼

跃过龙门，就会变化成龙。"俗说鱼跃龙门，过而为龙，唯鲤或然。"因此，人们常用"鲤鱼跃龙门"来祝颂中举、高升、飞黄腾达并鼓励青年学子奋发向上。

鲤鱼产籽多，故鲤鱼也常被用于祝吉求子，以其作生育繁衍、富贵有余的象征。

黄河中的鲤鱼，因其肉味醇正，鲜嫩肥美，形色艳丽，口鳍淡红，两侧鱼鳞金光闪闪，世称"金色黄河大鲤鱼"。

《诗经·周颂·潜》提到，周王用来祭祀、求福祉绵延的祭品中，鱼有六种，鲤鱼便位列其中。又《诗经·陈风·衡门》中，从"岂其食鱼，必河之鲤？岂其取妻，必宋之子"可知，周代，黄河鲤鱼是鱼中珍品。

周代，中原一带的贵族对食用野味已经相当谨慎，只把牛、羊、狗、鸡、鸭作为经常食用的肉类，再加上农业的发展，使得可放牧的土地大大减少，导致畜牧业在周代并不是很发达，获取肉食受到很大限制。因此，肉食在周代是以贵族阶层为主要消费群体的。

但周代的捕捞业和养鱼业却相对发达，从而使鱼、鳖等水产品成为老百姓餐桌上最常见的大众食品。汉代，池塘养鱼业已很兴盛，在陕西、河南出土的汉墓随葬品中就有不少养鱼池塘的模型。《春秋公羊传》记载，晋国暴君灵公派勇士深夜行刺刚正不阿的大臣赵盾。谁知这位勇士看到赵盾竟以贫贱之人所吃的鱼下饭后，很感动，不忍杀赵盾，为了交差，只好自尽。

黄河中的鲤鱼，肉味醇正，鲜嫩肥美，形色艳丽，因此并不是寻常人家所能吃到的。所以，一位落魄的贵族子弟因为没钱吃

好鱼便通过诗歌自嘲：难道吃鱼，就必须要吃黄河里的鲂鱼和鲤鱼吗？（岂其食鱼，必河之鲂？岂其食鱼，必河之鲤？）

　　直至清代，黄河鲤鱼依然被视为鱼中上品。《清稗类钞》认为，宁夏之鲤，肉粗味劣，与南方所产的鲤鱼品质差不多，对河南地区所产的黄河鲤鱼最为推崇："……豫省黄河中所产者，干鲜肥嫩，可称珍品也。"

一代宗师

大国工匠一代宗师
陈进长大师从艺六十周年

正因为黄河鲤鱼的如此身世，所以，当"有朋自远方来，不亦乐乎"时，河南人"乐"朋友的礼数之一，就是无论家宴还是在餐厅待客，一定会上一道烧黄河鲤鱼，以示对朋友的珍视及祝颂。

传统豫菜红烧黄河鲤鱼的制作步骤是要先将黄河鲤鱼挂糊炸制，挂糊方式是用淀粉、鸡蛋调制。陈进长结合现代人追求健康的饮食习惯，把挂糊改为了拍粉，因为拍粉相较于挂糊更薄，鱼肉更容易炸透，且更容易入味，同时又符合现代人的健康追求。

2004年，陈进长在弟子冯运富管理的焦作月季花园酒店（原焦作月季大酒店）尝试推出陈氏版"红烧黄河鲤鱼"后，即在焦作当地打出不错的口碑；2008年7月，陈进长又转战郑州，在当地的一家酒楼重点推出"红烧黄河鲤鱼"。

两个月后，由于这道"红烧黄河鲤鱼"备受食客推崇，成为该店的镇店菜品；四个月之后，郑州市内的其他酒楼开始效仿，并逐渐形成各大酒楼都拿"红烧黄河鲤鱼"说事儿的局面；一年之后，郑州周边养殖户看到商机，开始大面积养殖黄河鲤鱼；三年之后，聚焦红烧黄河大鲤鱼单品，并以"红烧黄河鲤鱼"为店名的省内餐厅渐渐如雨后春笋般冒了出来。

曾经被本地人所冷落的黄河鲤鱼终于得以翻身，并由之前的三四元一斤涨到后来根据等级之分，有十几元一斤、二十几元一斤甚至更贵的身价。

"红烧黄河鲤鱼"的成功不仅带动了河南餐饮业的发展，更推动、促进了相关产业链的发展。

首先，"红烧黄河鲤鱼"的成功促进了郑州乃至河南餐饮业的发展，进而推动了养殖业的发展；其次，由于餐饮业、养殖业的兴盛，又帮助、解决了部分人的就业难题，为社会减轻了就业压力。陈进长带来的"黄河鲤鱼"效应其实还为当代餐饮企业提供了一个新的经营思路：多元化发展的经营模式也许会为豫菜的"火出圈"带来更多机遇。

有了这次的成功，陈进长开始着手整理并推出传统经典豫菜：传统锅贴豆腐、煎扒鲭鱼头尾、糖醋软溜黄河鲤鱼焙面、传统红扒肘子、扒三样、清蒸头尾炒鱼丝、葱扒羊肉、白扒广肚、葱烧猴头菇、炸八块、红烧瓦块鱼、陈氏烹汁煎虾饼、干炸瓦块鱼等。在他以及豫菜厨师、豫菜餐厅的共同努力下，豫菜市场开始复苏，并呈现出一派欣欣向荣的景象：产品聚焦传统豫菜，并

以豫菜餐厅为门头的本土餐厅迅速起势，逐渐成了河南餐饮市场的主流。

一道"陈氏红烧黄河鲤鱼"，成为豫菜发展史上的现象级事件，成为豫菜在新时期发展的里程碑事件。豫菜的发展，也由此迈向了一个新纪元。

中华饮食文明的精髓，就是通过对人性和食物性质的把握、调和，让人和自然达到完美和谐的境界，陈进长以及他所代表的豫菜态度、工匠精神正是这种价值的体现。

2017年，陈进长被授予"河南省省级非物质文化遗产中原烹饪技艺（豫菜）代表性传承人"，这也是目前河南省内唯一获此殊荣的名厨。

但年已八旬的陈进长依然在忙碌着，他还在不停地探索、思考：传统豫菜如何创新、融合，才能留住"00后"的胃？豫菜企业如何升级、打造，才能"火出圈"？在年轻人情感诉求越来越多元化的今天，他们对吃的情感追求也会更丰富，但他相信：越是质朴的菜品，越能俘获他们的心。而对本土美食及其文化韵味的津津乐道、念念不忘，其实也是一种文化自信。

陈进长说，只有拥抱时代，并"拉拢"年轻人，豫菜的明天才会更美好。这是一个非常艰巨的任务，需要我们共同努力才能完成，如果需要，他希望可以做豫菜传承的铺路石、拓荒牛。

路漫漫其修远兮，吾将上下而求索！

贰

陈进长的菜

陈进长代表菜品：

陈氏红烧黄河鲤鱼

陳

主料：生态放养黄河鲤鱼 1 条（1500 克左右）

辅料：葱 50 克、姜 30 克

调料：盐 30 克、白糖 5 克、花雕酒 15 克、味精 10 克、猪油 50 克、自制糖色 20 克、陈醋 15 克、酱油 20 克、干生粉 15 克、高汤约 2000 克

1. 把宰杀好的鲤鱼清洗干净，用坡刀法解成瓦垄形，用毛巾擦去鱼身上的水。

2. 把干生粉均匀拍在鱼身上。

3. 炉灶上锅倒油烧至七成热，下入拍好粉的鲤鱼，炸制4分钟即可捞出。

4. 把炸好的鲤鱼放在竹箅上待用。

5. 锅内加入高汤，下入葱、姜，调料，大火烧开5分钟后转中火再烧制20分钟装盘即可。

陈氏红烧黄河鲤鱼，是把炸好的黄河鲤鱼，用吊好的高汤烧制，味入肌理，口感香嫩、柔美得"恰似一江春水向东流"，唇齿之妙，很是销魂。

说起这道菜品，还有个小故事。

陈进长是跟着恩师陈景和在"又一新"学做的"红烧黄河鲤鱼"这道菜，并深得其精髓。1964年的一天中午，一位客人在"又一新"吃了陈进长做的"红烧黄河鲤鱼"后，非常开心，认为这是他多年来吃到的最好吃的红烧黄河鲤鱼，为了表示感谢，他掏出了一张布票送与陈进长。那年，陈进长刚满20岁，正是喜欢赶时髦的年龄，就用布票换的布给自

己做了一件在当时看起来很潮、很时髦的西式大短裤犒劳自己，很是嘚瑟了一阵子。

这件事也让陈进长对黄润生等前辈反复唠叨的两句话更加笃信："做饭的人最大的快乐就是希望吃饭的人快乐""做饭就是一种心意"。自此，陈进长把这两句话作为自己的座右铭，时刻提醒、勉励自己。

自先秦起，就被视为珍品的黄河鲤鱼，上千年来，经过广大厨师、吃货们的追寻、探索，其吃法，也是花样百出。

鲤鱼脍、鲤鱼汤、鲤鱼羹、炙鲤鱼、蒸鲤鱼、鲤鱼鲊（腌鱼的一种）、鱼脯、糟鱼、腊鱼、煎鱼、炸溜鱼、烧黄河鲤鱼等，其中，最有名就是炸溜鱼和烧黄河鲤鱼，而如今在河南餐饮圈成为热搜美食之一的"陈氏红烧黄河鲤鱼"就是这两种烹饪方法的化裁、组合。

这道菜的要点是鱼得先用油炸透，"微拖面糊，则易脆"，意思是宰杀干净的鲤鱼用一层薄薄的面粉或淀粉挂一下糊再煎炸，这样做的目的是让鲤鱼的口感更松脆。在鲤鱼身上裹一层薄薄的面粉，河南人称为"挂面糊"的做法，一些南方人相当不屑，认为这样做反而降低了鱼本身的鲜美之气。但其实北方人，尤其是河南人这么做也是有一些小"心机"的：一则，为了吸附鲜鱼表面的水分，并避免炸煳；二则，干面粉有吸附异味的功能，可以去除腥味；三则，从养生角度来说，在肉的表层挂一层糊再煎炸，减少了煎炸食品对身体造成的直接伤害。

　　陈进长在传统的烧黄河鲤鱼的烹饪中，把挂糊改为了拍一层薄粉，拍粉相较于挂糊更薄，鱼肉更容易炸透，且更容易入味，同时又符合现代人对健康的追求。由于这道陈氏版的红烧黄河鲤鱼对当代豫菜的发展有着里程碑式的意义，因此，被命名为"陈氏红烧黄河鲤鱼"。

陈进长代表菜品：

糖醋软溜鲤鱼焙面

陳

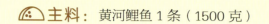

主料：黄河鲤鱼 1 条（1500 克）

辅料：焙面 1 份

调料：自制糖色 750 克、白醋 400 毫升、盐 3 克

1. 把宰杀好的鲤鱼清洗干净，用坡刀法解成瓦垄形，用毛巾擦去鱼身上的水。

2. 锅内放油，烧至六成热，下入改好刀的鲤鱼定型，再小火浸炸3分钟使鱼熟透捞出。

3. 锅内留底油放入炸好的鲤鱼，加入调料，中火，用勺顺时针推鱼，并将汁不断浇在鱼身上，待鱼两面溜透入味，勾入流水芡，汁收浓，下九成热油将汁烘"活"即成。

　　糖醋软溜鲤鱼焙面，也称"溜鱼焙面""鲤鱼焙面"，是豫菜的传统经典名菜，陈进长他们那一代的厨师打小学艺，都要跟着老师学做这道"中国名菜""河南省第一批非物质文化遗产"。因为，在这道菜品中，煎鱼的火候功夫、熬糖醋汁的技巧、拉面的水准、炸面的松脆程度，都是考量一个豫菜厨师合格与否的标准。这是基本功，也是豫菜的态度。

　　这道菜的吃法也有讲究，先食鱼，而后以焙面蘸汁入口，是谓"先食龙肉，后食龙须"。后来，干脆直接将焙好的面覆于鱼上，如同锦鳞盖被，所以也有"鲤鱼被面"的叫法。20世纪70年代初，美国总统尼克松率团访华时曾吃过这道菜，询其菜名，翻译将它译为"鲤鱼盖被子"，倒也颇合其意。

　　之所以有"先食龙肉，后食龙须"的吃法，民间传闻跟大宋开国皇帝赵匡胤有关。公元960年，后周显德七年，赵匡胤掌握大权，早有称帝之心，又不便明言，率军至陈桥驿时，便命身边厨师做了糖醋软溜鲤鱼这道菜并以面条盖之，宴请身边将领，暗示自己有意"黄袍加身"。后世将水煮的面改为油炸，也称"焙面""扣面"。

　　中国"溜"菜的名称，最晚在明代万历时期就已经开始普及了。刘若愚《酌中志》记载，当时的帝都，每年十二月（腊月）从初一开始，"便家家买猪腌肉。吃灌肠，吃油渣卤煮猪头、烩羊头、爆炒羊肚、炸铁脚小雀加鸡子、清蒸牛乳白、酒糟蚶、糟蟹……醋溜鲜鲫鱼、鲤鱼……"

　　到了清代，已有关于"溜"菜制法的记载。"鳜、鲫、鲤、鲈等鱼，一斤左右者，剖洗净，用油炸透（微拖面糊，则易脆），视皮焦脆（油须多）为度；先另起油，将熟笋片、香菇片爆炒，微调红酱，加酱油、白糖一煮，加葱花盛起，或加鲜醋听便；乘鱼炸好，同携至席上，将油酱浇鱼盘上，则唧唧有声，松脆鲜洁，以供上客。"

　　《越乡中馈录》对"炸溜鱼"的烹饪过程描述得十分详细：鱼得先用油炸透，另锅炒配料并制咸鲜卤或糖醋卤，待鱼炸好上桌，同时将卤锅携上，浇卤汁于鱼盘中，刹那间，鱼肉发出"唧唧之声",鱼肉既松脆又鲜美,为招待贵客之佳品。"炸溜鱼",在技艺上已达到较高的境界。

溜鱼和焙面搭配成菜,仅有百余年的历史,但两个品种的历史却很悠久。糖醋软溜鲤鱼是由宋代的宋嫂鱼羹和煎鱼演变而来的,金元时期称为"醋鱼",明代称为"醋搂鱼",清朝末采用"软溜"和"烘汁溜"技法,始称糖醋软溜鲤鱼。

焙面又称"龙须面"。明清年间,开封人谓每年农历二月初二为"龙抬头",这一天达官显贵以至市井乡人,常以龙须面(细面条)相互馈赠,以示吉祥。龙须面原为煮制,烧卤汁食用。

"软溜"和"烘汁溜"技法同用,唯河南独有,以"活汁"著名。

所谓"活汁",历来二解,一是溜鱼之汁,需达到泛出泡花的程度,称作汁要烘活;二是取方言"中和"之意,和乃"活"之谐音。糖、醋、油三物,甜、咸、酸三味,要在高温下、在搅拌中充分融合,各物各味俱在,但均不出头,做到你中有我,我中有你,甜中透酸,酸中微甜。吃过溜鱼之后,要把鱼汁重新烘制,再把焙面和入而食——这里的"和"读"活"音,有搅入的意思,所以,重新烘制的鱼汁也被称为"活汁"。焙面干燥酥脆易于吸汁,食之酥香适口,达到一个菜肴,两种风味,相得益彰。

清光绪二十七年(公元1901年)辛丑回銮,慈禧、光绪一行返回北京,路经开封时曾驻跸月余。适逢慈禧生日,开封巡抚衙门为她祝寿,将龙须面与溜鱼搭配,改为焙制,称为"焙面"。光绪和慈禧食用后,连声称赞。光绪称之"古都一佳肴",慈禧则说:"这怎么能叫面哪,应该叫龙须才对啊!"并以"溜鱼出何处,中原古汴州"一联赐给开封府以示表彰。

20世纪30年代,经苏永秀等人改用馄饨皮切成细丝,以油炸制。后又改进用面拉制,细如发丝,仍叫焙面。

陈进长代表菜品：

传统锅贴豆腐

陳

贰 陈进长的菜

主料：虾仁 100 克、鱼糊 150 克、老豆腐 150 克、五花肉馅 100 克

辅料：白菜叶 12 片、鸡蛋清 6 个、湿生粉 30 克、香葱花 10 克

调料：盐 5 克、味精 5 克、猪油 30 克、料酒 20 克、花椒油 5 克

1. 将虾仁去虾线，手工剁成黄豆大小的颗粒状，五花肉剁泥，豆腐蒸制、冷却后加工成泥。

2. 取一盛器，把剁好的虾蓉、鱼糊、五花肉泥、老豆腐泥放入盛器中，加入调料手工搅拌上劲。

3. 白菜叶在开水中焯一下，改成长 10 厘米、宽 7 厘米的长方形，并挤干水分。

4. 将白菜叶铺在菜墩上，撒上少许生粉，把打好的馅料抹到白菜叶上，并包成豆腐块状。

5. 包好的豆腐上笼蒸4分钟取出，放入提前打好的蛋清糊中，用不粘锅煎至两面金黄即可装盘。

　　豆腐，是中国人对人类的伟大贡献之一。早在汉代，中国就有了豆饧、豆腐等豆制品的出现。

　　锅贴豆腐是一道宋代名馔，史逾千年。相传，北宋年间，东京城内开封府前的一条小巷里，临蔡河有一家张家豆腐作坊，掌柜名曰"张手美"，是一位忠厚善良的老年妇女，与儿子、儿媳一道辛苦经营。

　　一日，张婆婆与儿子一起到乡下走亲戚，临行嘱托儿媳好好照料生意，三两日便回来。儿媳送走婆婆与丈夫后，自觉清苦难忍，便买了一只鸡，宰而炖之。谁料，鸡刚熟，突闻婆婆叫门，媳妇忙把鸡肉和鸡汤倒入水磨眼内，并用豆子盖严。询问缘由，原来婆婆走到南门时，见城门贴有告示，明日包大人要巡察汴河、蔡河，疏通排水之患，婆婆怕家中作坊有碍水道，便回来整修。谁知说话间鸡肉、鸡汤和豆子已经一起被磨碎流入了豆浆中，做成了豆腐。翌日，张婆婆家作坊门前买豆

腐的人比平时多了许多，都夸赞昨日的豆腐非常好吃，还要买昨日的豆腐。张手美觉得事情蹊跷，自己做了几十年豆腐，怎么会比儿媳做得差呢？几经盘问，儿媳只好据实相告，张手美并不责怪，并按此法重做一次，果然豆腐鲜美异常。自此，张手美家的生意日益兴隆，后来又购置了更大的房产，开起了前面是饭店后面是作坊的店铺，日渐富裕。

锅贴豆腐这道菜，是用鸡蓉、鱼蓉、豆腐三种原料合制为豆腐，经半煎半炸后上席，豆腐表皮金黄酥脆，内里鲜嫩香美，成为誉满中州的佳肴美馔。清末民初之际，开封味莼楼、民乐亭饭庄经营此菜最享盛名。

陈进长结合现代人追求健康的诉求，在传统锅贴豆腐的制作基础上做了如下改良：用虾肉、鱼肉、豆腐、五花肉制馅，用白菜叶包制成豆腐块状，蒸制后挂蛋清糊煎制而成。口感于清爽之中又含着些许肉的香滑，细腻温软，香嫩可口。锅贴豆腐再佐以花椒面食之，其意有二：一是为了清口，二是可以回味锅贴豆腐在唇齿间的缠绕之妙。

白菜，是中国原产蔬菜，古代被称为"菘"，南北朝时有"春韭秋菘"之称，极富诗意；花椒，辛散温燥，入脾胃经，长于温中燥湿、散寒止痛，素有"调味之王"的美誉，去除异味、芳香健脾的同时，还可以增香提鲜。

当锅贴豆腐与花椒面碰撞后，花椒的麻和辣并不是很霸气地直接占据你的味蕾神经，而是一口品完后，口中才有了隐隐的香麻感觉，那感觉，竟有一丝"随风潜入夜，润物细无声"的意境……

陈进长代表菜品：
煎扒鲭鱼头尾

- **主料**：草鱼 1 条（3000 克）

- **辅料**：发好香菇 3 朵、冬笋 5 块（约 50 克）

- **调料**：盐 25 克、味精 15 克、自制糖色 100 克、料酒 30 克、浓汤 2500 克、猪油 100 克、酱油 20 克

1. 将宰杀好的草鱼洗净，把草鱼头从胸鳍处切断，将鱼尾从鱼鳍处切断。

2. 将鱼头连肉从腹部改刀成两半，鱼尾从尾鳍连肉片开。

3. 锅内下入猪油，把鱼头、鱼尾煎至皮面略黄。

4. 把煎好的鱼头、鱼尾皮朝下摆入竹箅，把提前切好的滚刀块冬笋、姜、葱段、香菇放在摆好的鱼上面。

5. 锅内添入浓汤，下入调料，将摆好的鱼头、鱼尾放入锅内，用盘子扣住，大火烧开，中火扒制，文火收汁。

6. 待汁浓鱼熟、鱼肉色泽红亮时捞出，反扣于餐具中，将锅中剩余的汁浇上即成。

柿黄色的鱼块，看起来很普通，就像家常的烩鱼块，可夹一口细品，你会发现它的不一般：鱼肉紧致细腻，鲜嫩的口感加上浓汁的浸润，肉的香混在汁里，汁的浓伴在肉内，汁和肉就这样达到了和谐统一。这道菜就是传统豫菜的经典代表："煎扒鲭鱼头尾"。清末民初，这道菜品曾因打动了康有为而名噪一时。

煎扒鲭鱼头尾是以3公斤以上的野生鲭鱼为主料，整留头尾，鱼肉成块，煎至金黄后铺到锅箅上，以武火见开，小火扒至入味。而这一煎一扒，使鱼肉更加鲜嫩、汤汁更显醇厚，口感极佳。食时将一块鱼头放在嘴里一吸，不但能吸出鱼脑，而且鱼肉与头骨自动分离，骨酥肉嫩，鲜香味醇，这是传统经典豫菜风味，素有中原奇味之称。因此，清末民初，凡路过河南的"公知"显要们都要品尝此菜。

1923年，由于康有为以西汉奇味"五侯鲭"为典故，题写"味烹侯鲭"赠予"又一村"灶头黄润生，一时，令"煎扒鲭鱼头尾"以及黄润生享誉大江南北。

汉代刘歆在《西京杂记》中记录了"五侯鲭"的故事："五侯不相能，宾客不得来往。娄护丰辩，传食五侯间，各得其欢心，竞致奇膳。护乃合以为鲭，世称五侯鲭，以为奇味焉。"文中的"五侯"指汉成帝母舅王谭、王根、王立、王商、王逢，他们虽然同时被封侯，但五家却相互看对方不顺眼。而娄护呢？出身医家，通晓本草、医学、方术之书，能言善辩，亦曾当过官。这五个王侯家族，虽然相处不太融洽，但都对娄护颇为看重。娄护为了化解五家的矛盾，也是费尽了洪荒之力，后来想到一个办法：说是比较喜欢吃五家人做的饭菜，于是，五个氏族大家竞相把自家的"看家菜"送给娄护品尝。娄护就将五家送来的菜肴混合起来烧煮，并用这种办法告诉五个家族相互包容、相互合力的相处之道，既无形中化解了五个家族的矛盾，又无意之中发明了被世人称为"奇味"的"五侯鲭"。

至魏晋南北朝时，贾思勰把这道"五侯鲭"又收录到了《齐民要术》中，并做了详解："用食板零撰，杂鲊、肉，合水煮，如作羹法。"据此，学术界认为，五侯鲭就是将鱼和肉等多种熟料加水或汤煮成的汤汁较浓的菜，类似现在的烩菜，其烹饪方法就是后世所说的"烩"。

后世常把人间至味比喻为"五侯鲭"。宋代苏轼有诗云："今君坐致五侯鲭，尽是猩唇与熊白。"

新中国成立后，煎扒鲭鱼头尾作为豫菜的经典代表之一，曾向国内外政要、宾朋展示了河南烹饪的高光时刻。

煎扒鲭鱼头尾，用的是传统豫菜烹饪中的扒。豫菜的"扒"在烹饪界独树一帜，举世闻名。在没有酸和辣的刺激下，用白扒功夫达到汤和油完全融合并被原料充分吸收，也就是"用油不见油"和"扒菜不勾芡，功到自然黏"的效果，没有扎实的基本功是很难做得到的。其中，掌握火候也是关键。火候大了，鱼肉不鲜、不嫩；火候小了，鱼肉和鱼骨不能自动分离。所以，数百年来，"扒菜不勾芡，功到自然黏"成为厨师与美食家共同的追求和标准。

陈进长强调，煎鱼时要用猪油，以柿黄色为标准；扒时要用浓汤，火力要小。

一煎一扒，看似简单，实则是判定厨师水准的一个现象级的传统菜品。

陈进长代表菜品：

炸八块

陈

主料：雏鸡1只

辅料：鸡蛋1个、面粉30克、生粉30克、葱30克、姜30克、花椒3克、八角3个

调料：盐6克、味精5克、料酒5克

1. 把经过初步加工的鸡洗净，剁去头、颈。

2. 一只鸡剁成八块，把葱、姜、花椒捣碎放入改好的鸡块中，抓拌均匀，腌制 20 分钟使其入味。

3.取一盛器打入鸡蛋，下入面粉、生粉搅拌均匀，把腌好的鸡块逐一放到糊中搅拌均匀。

4.锅内倒油烧至六成热，把鸡块下锅，炸至柿黄色捞出，待锅内油温升至八成热时，再将鸡块下入重炸，1分钟后捞出装盘即可。

炸八块又名八块鸡，外表酥脆、里嫩香鲜，是一道历史悠久的传统名馔，河南首批豫菜传统十大名菜之一。过去开封菜馆有句"干搂炸酱不要芡，一只鸡子剁八瓣"的响堂报菜语，它的后半句，就是针对此菜而言。

"酱"是豫菜烹饪的方言，即把原料下入热油锅内稍炸，使其原料表面急剧紧缩，封闭其失水的孔道；随即离火浸炸，叫"酱"，是利用原料本身的蒸汽致熟，鸡肉才嫩烂离骨。制作八块鸡，一炸一酱是其关键。

相传，清乾隆皇帝巡视河道驻跸开封时，曾领略过炸八块的风味，由此炸八块便声名远扬，并成为豫菜最具风味特色的菜肴之一。20世纪20年代，经开封"又一村"刘庚莲等厨师改进和提高，风味更佳。

中原地区有句谚语："鸡吃谷豆，鱼吃四"。意思是说当年的小雏鸡，到秋天谷子、豆子成熟后，鸡子长到750克（毛重），又肥又壮，正是最好吃的时候，此馔就是选择这时的小仔鸡。仔鸡经宰杀处理后，把鸡腿、鸡翅及鸡胸肉，带骨裁作八块，腌制入味后，入油中炸之，待色泽红润、外干里嫩时出锅装盘。上席时外带花椒盐一碟佐食。清朝末年，北京经营河南菜的"厚德福"饭庄在全国各大城市开了14家分店，都经营此菜。当年鲁迅先生常到上海的河南饭庄吃饭，他最爱吃的几道菜中，其中就有炸八块。著名作家姚雪垠十分钟情炸八块，品尝后称赞此菜"香、嫩、酥、脆"，犹如唐人诗句所云"鸟鸣山更幽"。此菜被收入《中国烹饪百科全书》。

陈进长代表菜品：

干炸瓦块鱼

陈

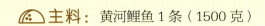

主料： 黄河鲤鱼 1 条（1500 克）

辅料： 葱 50 克、姜 40 克、花椒 3 克

酥糊： 生粉 80 克、面粉 50 克、鸡蛋清 3 个、清油 100 克

调料： 盐 8 克、花雕 10 克、味精 6 克

1. 把宰杀好的鲤鱼洗净擦干，留头尾，把鱼身改刀成瓦块形。

2. 把辅料捣碎，下入调料把改好刀的瓦块鱼腌制 20 分钟。

3. 按照比例制成酥糊。

4. 把改好刀的瓦块鱼放到酥糊中抓拌均匀。

5. 锅内倒入清油烧至六成热，将抓拌好的鱼块逐一下锅炸至金黄捞出。待锅内油温升至八成热时，再将鱼块下油锅复炸，及时捞出装盘即可。

要 点

1. 活鱼、薄块

2. 用花椒、葱、姜、盐、花雕等料把鱼块腌透

3. 用河南酥糊炸鱼

陈进长代表菜品：
红烧瓦块鱼

陳

主料：黄河鲤鱼 1 条（1500 克）

辅料：葱 50 克、姜 40 克、生粉 35 克、面粉 35 克、鸡蛋 2 个

调料：盐 8 克、白糖 3 克、花雕 10 克、味精 6 克、猪油 50 克、自制糖色 15 克、陈醋 10 克、酱油 10 克、高汤 1500 克

1. 把宰杀好的鲤鱼洗净擦干，留头尾，把鱼身改刀成瓦块形。

2. 取一盛器打入鸡蛋，下入面粉、生粉搅拌均匀。

3. 把改好刀的瓦块鱼放到上一步骤制成的糊中抓拌均匀。

4. 锅内倒入清油烧至六成热，将抓拌好的鱼块逐一下锅炸至金黄捞出。

5. 另取一锅加入浓汤、调料，大火烧开，下入炸好的鱼块，改文火烧制 25 分钟，撒上火柴棒粗细的姜丝，略烧即可出锅装盘。

要 点

1. 活鲤鱼，片成块，头尾留下

2. 挂糊要薄，炸透，不能炸焦

3. 要用浓汤烧制25分钟，不能勾芡

陈进长代表菜品：

扒广肚

陳

🍲 **主料：** 发好的葫芦肚 200 克

🍌 **辅料：** 菜心 3 颗

🍶 **调料：** 盐 5 克、味精 3 克、花雕 15 克、浓汤 1000 克、面粉 20 克、猪油 50 克、葱油 100 克

1. 将发好的葫芦肚改成长8厘米、宽3厘米、厚1厘米的片状。

2. 锅中烧水加入花雕，把片好的葫芦肚汆水备用。

3. 把葫芦肚摆放在竹箅上，摆成两排。

4. 锅内下入猪油，倒入面粉炸香，添入浓汤烧开加入调料，把摆好的葫芦肚用盘子扣住（防止变形），小火扒制5分钟使汤汁自然黏稠捞出。

5. 去掉扣压的盘子，把扒好的葫芦肚扣在餐具中，摆上菜心。

6. 余汁均匀地浇在葫芦肚上即成。

广肚，也称鱼肚、鱼鳔、花胶等，被列为"海八珍"之一。此物入菜，七分在发，三分在于烹制。

扒是将初步处理的原料，经过装铺拼摆、成形处理后整齐入锅，加高汤及调味品，用武火烧开文火扒制，汁浓入味，保持原形成菜装盘的烹调技法。扒制要求色泽协调、整齐美观、丰实圆润、刀工精细，成品具有质地熟烂、色泽鲜艳、汁浓味醇的特点。

扒制的方法有多种，常见有锅扒和箅扒。锅扒是将经过初步熟处理的原料，经过拼摆成形后直接推或扒入炒锅，慢慢从锅沿加入汤汁及调味品，以防散乱，用小火扒制。箅扒是将经过初步熟处理的原料，整齐美观地拼摆在特制的竹箅（锅垫）上，用切成人片的猪肘或鸡腿等覆盖，入锅后添加汤汁和调味品，用小火收至汤汁浓稠，去掉鸡腿、猪肘，将菜肴盛入盘中，再将汤汁浇上。

豫菜的扒，独树一帜。数百年来，"扒菜不勾芡，功到自然黏"，成为厨人与食客共同的追求与标准。扒广肚作为传统高档宴席广肚席的头菜，是这一标准和追求的体现。此菜将质地绵软白亮的广肚片片儿铺在竹箅上，用上好的奶汤文火扒制而成。成品柔、嫩、醇、美，汤汁白亮光润，故又名"白扒广肚"。

扒广肚之所以被称为珍品佳肴，一是所用主料之珍，二是所用的汤之珍，三是所用的独特的扒制烹饪技艺。

广肚入馔，七分在发，三分在烹，涨发技艺要求极高，是豫菜厨师的绝技，没有5年以上的灶上功夫，很难准确掌握。

　　广肚一般用油发或水发。质厚者既可水发，又可油发，而质薄瘦小者只能油发而不宜水发。

　　油发的关键技术是火候的掌握，油温不宜过高，火候不宜过旺，否则会使原料外焦里不透。油发时要先将干货放入三成热的油锅内浆软，裁开后再放入油锅内，用勺压住，文火浸炸，若油温升高，可将锅端下离火，油温下降后，再将锅端上火，要反复顿火，待锅内的油不翻花，鱼肚一拍就断，断面呈膨松内透，松泡似海绵状时即可。将炸好的鱼肚放入盆内，先用重物压住，再倒入开水，使其涨发回软，然后捞出，挤去水分，经反复用水漂洗至净白、无异味、洁白中透出浅黄、蓬松软脆才可以成为半成品进行烹制。

　　水发是将干货先用温水洗净，然后放入锅内，加入冷水烧开，焖两小时后捞出，用冷水洗一下，再换开水继续焖发，这样重复数次，直至鱼肚发透为止。

河南人对于制汤是非常讲究的，分头汤、白汤、毛汤、清汤；制汤的原料，必须"两洗、两下锅、两次撇沫"。高级清汤则还要另加原料，进行"套"和"追"，使其达到清则见底、浓则乳白、味道清醇、浓香挂齿。"选料严谨、刀工精细、讲究制汤、五味调和、质味适中"，这不但是衡量豫菜的标尺，也是中国烹饪的特点，更是美食的最高境界。扒广肚用的是浓白似乳的浓汤。经涨发清洗后的广肚，是有营养但没有滋味的半成品，要使成菜味美诱人，遵循"有味使其出，无味使其入"的烹饪之道，全靠鲜美的浓汤与之相配，待广肚饱吸汤汁后，才能成为美味佳肴。

"汤"，是中国传统烹饪调味的根本。在各种化学成分的食品添加剂被研发出来之前的年代，帮助厨师们用来调制各种口味的"利器"就是"汤"。

在古代，人们对吃是极其敬畏的，在烹饪中，是不敢添加任何不干净、非纯天然添加剂的（当然，也没有那个物质条件）。各种菜肴的鲜香除了厨师的烹饪技巧外，还要用一样法宝：汤。每天清晨饭店开门前，一大锅浓香四溢的调味汤就已经熬制好，一天的菜肴全靠它来提鲜、提味儿，每天汤用完就挂牌歇业。所谓"唱戏的腔，厨师的汤"，饭菜正不正点，先看汤，汤是基础。

不管是菜品，还是卤味，好不好吃、正不正宗，也是同样的道理：看汤。汤好，味儿才好。因为物正，味儿才纯。

美食，有时候不仅仅是技术，更是一种烹饪态度、生活态度和哲学态度，要想把菜做好，态度与技术是同等重要的。这条传统的烹饪"古训"，现在听起来似乎有点"凡尔赛"，却是一条至理箴言。

陈进长代表菜品：

传统扒肘子

陳

主料：猪前肘1个

辅料：菜心3颗、姜15克、葱15克

调料：八角6克、花椒2克、盐5克、味精3克、酱油8克、料酒10克、糖色15克

1. 用火枪烧去猪前肘的猪毛，清洗干净。

2. 把肘子放在菜墩上，左手握住肘子的棒骨外露部分，右手拿刀沿棒骨向下刮剔，使骨肉分离。

3. 锅内加入清水，下入改好刀的肘子，余水。

4. 另起锅，下入葱、姜、料酒、肘子，煮至八成熟，放在托盘上，用毛巾擦去汁水，抹上糖色，风干3小时。

5. 锅内烧油，八成热下入风干好的肘子，炸至虎皮状，放入清水中浸泡15分钟。

6. 把炸好的肘子用偷刀解成边长为2.5厘米的方块，皮连肉不连，装碗。

7. 在装好碗的肘子上添加调料，加入葱、姜、酱油、水，上笼蒸两小时即可。

8. 把蒸好的肘子滗出多余的汁水，然后将其反扣于盘中，摆上菜心即成。

要 点

1. 猪前肘去骨汆水，下锅煮八成熟

2. 抹上糖色，用八成热油炸成虎皮色

3. 偷刀：用刀切成似连不连，背面透出刀纹

陈进长代表菜品：

葱扒羊肉

陳

他们，影响了中国豫菜

陈进长

132

主料：熟羊肋条 250 克

辅料：葱段 5 段、菜心 3 颗

调料：盐 5 克、味精 3 克、料酒 5 克、花椒油 3 克、葱油 3 克

贰　陈进长的菜

1. 将熟羊肋条改刀成长7厘米、厚0.5厘米片状。

2. 把带皮的一面摆放在竹箅上，摆成马鞍桥状。

3. 起锅烧油，把葱段炸至金黄捞出，放在摆好的羊肉上。

4. 锅内添入羊肉原汤烧开加入调料，把摆好的羊肉用盘子扣住（防止变形），小火扒制 5 分钟，在汤汁乳白、浓稠时捞出。

5. 去掉扣压的盘子，把扒好的羊肉扣在餐具中，摆上菜心。

6. 在扒好的羊肉上淋上葱油和花椒油，锅内余汁均匀地浇在羊肉上即可。

　　葱扒羊肉是用羊肉和大葱在羊肉汤中扒制而成的一道豫菜，色呈柿黄，羊肉软香适口，葱香浓郁，2007年被评为河南传统十大名菜之一。

　　相传，葱扒羊肉是在"京冬菜扒羊肉"的基础上演变而来的，起源于五代时期的汴京（开封）。据传，宋太祖赵匡胤当初闯荡江湖时，在一座寺院内搭救了一位被草寇欲占为妻的赵京娘后，与赵京娘结为义兄妹，并护送赵京娘返回故里。一日，二人行经汴京陈留时，天色已晚，人困马乏，便住进一家小店歇息。因时至冬季，无时令蔬菜，店家便把腌制的大白菜配羊肉烧制了一道下饭菜。赵匡胤和赵京娘食之很香，赵京娘问赵匡胤此菜为何物，赵匡胤趣答曰："在京城之东与京娘共食，名曰京东菜（后称京冬菜）吧！"自此，京东菜烹羊肉名扬天下。后来，历经庖人不断改进，遂成为现在的"葱扒羊肉"。

　　人们常说："要想长寿，常吃羊肉。"中国人食用羊肉的历史非常久远：新石器时代仰韶、龙山文化遗址中都曾发掘出羊骨；距今三千年前后的殷商甲骨文记述祭祀中就有用羊的记载；《周礼·天官》篇所载"八珍"中，其中一珍，名为"炮牂"，就是用羊羔烧烤、煎炸、炖煮的方式烹制而成的；北魏《齐民要术》中以羊肉、羊肝等烹制的名菜就有多种；

唐宋时期，随着烹制方法的改进、厨艺的提高，用羊肉制作的各种菜肴成餐饮主流。北宋都城开封的72家正店，皆以羊肉为主要原料，而用羊肉涮着吃的涮锅"拨霞供"，更是成为"热搜美食"，霸屏北宋美食榜单多年。

羊为"祥"，古汉语中，字之好者如美、善、鲜、祥等皆从羊。"美"字从羊从大，"鲜"字从羊从鱼，意思是以大羊、肥嫩的羊肉为美，以羊、鱼为鲜味。

为什么一根葱，就能赢得羊肉的"一眼千年"呢？除了口感、味道更为相合之外，可能也与国人的养生智慧有关。大葱，又名和事草，乃辛、温之物，与羊肉相配，互补而和之，既能彰显大葱和羊肉的健体养身之功，又能呈现出物性香醇鲜美的天赋，因此说，此菜是一道美食加养生的和谐美味。而一根葱、一块羊肉，越是简单的搭配，越能凸显厨师的水准，想来也是彰显河南烹饪"五味调和，质味适中"烹饪理念的最佳量化指标之一吧。

贰　陈进长的菜

陈进长代表菜品：

葱烧猴头菇

陈

🫓**主料：** 干猴头菇 400 克

🍌**辅料：** 葱段 10 段、菜心 3 颗、鸡蛋 1 个

🫙**调料：** 清汤 350 克、味精 3 克、蚝油 5 克、酱油 8 克、猪油 15 克、鸡油 10 克、葱油 10 克、干生粉 20 克、高汤 500 克

1. 把干猴头菇冲水浸泡 10 小时。

2. 将泡好的猴头菇顺毛片制成两枚硬币厚的片状，再次冲水 2 小时。

3. 把冲好水的猴头菇片用热水氽一遍，捞出放到盛器内，加入清汤、葱、姜小火煲制 2 小时后继续冲水。

4. 把冲好水的猴头菇取出，挤出余汁。

5. 把挤出余汁的猴头菇下入蛋清液中并轻轻搅拌均匀，使每一片猴头菇都吸饱蛋清液，静放 30 分钟后下入干生粉并搅拌均匀。

6. 起锅烧油，油温四成热时，将猴头菇逐片下入滑油捞出。

7. 把滑好油的猴头菇氽一遍热水，去掉多余的油分，再次捞到盛器内，加入高汤、盐、味精、猪油、鸡油，上笼蒸制 20 分钟后，把猴头菇捞出备用。

8. 起锅烧油，把葱段炸至金黄捞出。

9. 锅内下入猪油，添入清汤，下入猴头菇、调料、炸好的葱段一同烧制 1 分钟，勾入流水芡，淋上葱油即可装盘。

这道菜，把猴头菇先用高汤蒸制后捞出，再用清汤、流水芡烧制，成品口感更显丝滑爽嫩，鲜美异常，细品，竟有"春来飞雪遍千里"的惊艳口感。

猴头菇为野生菌类植物。相传，是雌雄相伴的山间灵物，因此也叫"对脸笑"，多寄生于壳斗科植物（即桦栎树、橡壳树等）枯枝上，因其全身生有"黄毛"，长得很像猴子的头部，故称"猴头"，又名猴头蘑、猴头菌、刺猬菌。多产于卢氏、栾川、嵩县、西峡等县的伏牛山的深山老林之中，是河南的名贵特产。幼嫩的猴头，颜色发白，老熟后变成黄棕色，全株呈猴头形，并有毛茸茸的肉刺。猴头一般有拳头大小，较大的如碗口，较小的似一颗大枣。在河南采摘的鲜猴头菇最大能达1500克，西峡县曾采到了一只重达14000克的特大猴头茹，据说，比在美国发现的"猴头王"还重。

据说，1936年夏季，我国著名翻译家、河南卢氏人曹靖华曾寄给鲁迅先生4只猴头菇。鲁迅先生品尝了猴头菇后给曹靖华回信说："猴头闻所未闻，诚为珍品，拟俟有客时食之。"后，又去信说："猴头已吃过一次，味确很好。"

应季采摘的猴头菇，菌肉肥厚，洁白鲜嫩，入口清香，风味独特，被誉为"山珍之珍"，与熊掌、海参、燕窝并列。因其含有丰富的蛋白质、矿物质和多种维生素，因此有"素中荤""植物肉"

的美称。

　　猴头菇适宜用鸡、鸭、猪肉等肉类配在一起煨汤、做菜，
味极鲜美，"松树猴头""猴首庆寿""孔雀猴头""荷花猴
头""扒猴头""雪山猴头油爆虾"等菜品都是史上名品。

陈进长代表菜品：

清蒸头尾炒鱼丝

陈

主料： 黑鱼 1 条（约 2000 克）

辅料： 银芽 250 克、菜心 14 颗

调料： 盐 10 克、味精 5 克、料酒 10 克、清汤 50 克、猪油 30 克、水生粉 15 克、鸡蛋清 1 个

1. 将黑鱼宰杀并处理干净。

2. 将黑鱼去头、去尾，备用。

3. 将黑鱼中间段去鱼皮并冲洗干净，然后冷冻。

4. 将冷冻好的鱼肉切成长 7 厘米的火柴棒形状，再次冲去血水。

5．把冲好水的鱼丝用毛巾蘸干水分，加入盐、鸡蛋清、生粉上浆。

6．把鱼头、鱼尾上笼蒸熟，按顺序摆放在鱼形餐具两头，再把菜心分别摆在餐具两侧。

7．热锅凉油（猪油）下入鱼丝，轻轻用勺推散，起锅控油。

8. 锅内留少许油下入银芽略炒，倒入鱼丝，加入提前兑好的调料汁，快速翻炒均匀，盛在蒸好的鱼头、鱼尾之间即成。

要 点

1. 黑鱼需提前一天宰杀并去皮，然后冷冻。陈进长解释，这样处理的原因是黑鱼性暴，现做时鱼丝较粗不易成形，且口感不好，所以需要先冷冻，让它缓缓性，便于切丝

2. 热锅凉油

3. 陈进长强调，一定要用猪油炒，因为这样炒出来的鱼丝从白，又亮，又香

陈进长代表菜品：

扒三样

陈

主料： 水发鱿鱼 80 克、水发黄玉参 80 克、油发广肚 150 克

辅料： 菜心 3 颗

调料： 盐 5 克、味精 3 克、花雕 15 克、浓汤 1500 克、面粉 20 克、猪油 50 克、葱油 100 克

1. 将发好的广肚、鱿鱼、海参分别改刀成片状。

2. 锅中烧水加入花雕，把片好的三种食材汆水备用。

3. 按照先广肚，再海参，后鱿鱼的顺序摆放在竹箅上，摆成两排。

4. 锅内下入猪油，倒入面粉炸香，添入浓汤烧开加入调料，把摆好的三样用盘子扣住（防止变形），小火扒制 5 分钟，在汤汁乳白浓稠时捞出。

5. 去掉扣压的盘子，把扒好的三样扣在餐具中，摆上菜心。

6. 淋葱油，余汁均匀地浇在三样上即可。

刚出锅的"扒三样"，浓白的汤汁中卧着海参、鱿鱼、广肚，每一种食材都吸饱了汤汁和其他食材的鲜味，达到了你中有我、我中有你的境界。品一口，那海参、鱿鱼经过高汤的浸润，更加滑糯、清香了；而广肚在高汤和海参、鱿鱼的包裹中又增添了一股淡淡的清雅和贵气，那鲜香浓郁的口感，含在口间，久挥不去，舌尖的味蕾瞬间就生出一丝"春露雨添花，花动一山春色"的感动。

"扒三样"是豫菜"南料北烹"的代表菜品之一、豫菜的传统名菜，也是恩师陈景和传授给陈进长的代表菜品之一。

自古以来，就有"南料北烹"之说。而河南，曾是中国的政治、经济、文化中心，既有十三朝古都的洛阳，也有八朝古都的开封，在那些特殊的历史时期，海产干货源源不断进贡到河南，很多御厨倾尽全力研制海产干货的烹饪方法。随着时间的推移，这些"南料"菜系渐渐也流传到了官绅富贵人家，然后又辗转于民间酒楼茶肆、寻常百姓家。清代乾隆年间的诗坛盟主、美食大师袁枚就曾记录过当时江浙一带流行的海参三吃：以鸡、肉两汁红煨极烂，加香蕈、木耳点缀；用芥末、鸡汁拌冷海参丝；把海参切成小碎丁，用笋丁、香蕈丁入鸡汤煨作羹，或用豆腐皮、鸡腿、蘑菇煨海参。这些吃法，河南亦有。

百年陈家官府菜，也是目前国内唯一的家传百年、世传五代的厨师世家，而百年陈家的"葱烧海参""扒三样"等南料北烹的独家秘籍就是海参、鱿鱼、广肚等海产干货的涨发、入味。

海参，从目前所能查到的文献来看，最早是在明代万历年间著名的随笔札记《五杂俎》一书中作为北方水产的特色代表出现的："海参，辽东海滨有之……其性温补，足敌人参，故名海参。"一句"足敌人参"便足以说明，至少在明代，海参的营养价值就已经被"科普"了。而从明崇祯年间的一部史料《酌中志》可知，特立独行的万历皇帝在饮食上的忠诚度很高，"海参烩菜"是他在位数十年间雷打不动的一道元宵节"硬菜"。这也是历代文献中海参首次与宫廷菜"牵手"的记录。

《酌中志》"饮食好尚"一节记录的是从正月到腊月，都城内外包括皇宫内的饮食习俗、风尚。当时，元宵节是普天同庆的盛大节日，家家户户都要整几桌隆重的宴席庆贺。因此，宫墙外，东海之石花海白菜、鹿角，武当之莺嘴笋、黄精，滇南之鸡枞菌，五台之天花羊肚菜等"天下繁华，咸萃于此"。有人喜烧鹅、冷片羊尾，则有人喜油卤鹌鹑、枣泥卷、糊油蒸饼，而"先帝最喜用炙蛤蜊、炒鲜虾、田鸡腿及笋鸡脯，又海参、鳆鱼、鲨鱼筋、肥鸡、猪蹄筋共烩一处，名曰'三事'，恒喜用焉"。

鳆鱼，乃鲍鱼。所谓"三事"，也就是海参、鳆鱼、鲨鱼筋、肥鸡、猪蹄筋一同烩制的"大烩菜"。

袁枚曾说："海参，无味之物，沙多气腥，最难讨好。然天性浓重，断不可以清汤煨也。"海参的涨发要求非常严谨，稍有差池，则为废参。古代中国，在运输相对落后的条件下，诸如海参等名贵水产的身价是可想而知的，浪费一头海参对于厨师意味着什么，想来此处也就无须赘言了。因此，物尽所用，亦是厨师最基本的职业操守之一。

涨发时，要先将干海参放入盆内，兑入纯净水，泡软后，上火加热，待水快烧开时，关火，盖上盖，持续保温，便于涨发。12小时后待到海参发起捞出，放在凉水盆内，用剪刀把海参腹部顺长剪开，取出肠子、沙子，洗净后，重新再放入冷水锅内加热，待水快烧开时，关火继续保温涨发，如此反复涨发数次，直到海参柔软、光滑、捏着有韧性，才算发好。

海参乃无味之物，怎么才能把味道尽可能地入到"无味之物"里呢？

为了使海参能够入味，陈家数代传承人不断钻研、改进，把大汁大烧改为紧汁包烧，后来又加入了高汤等烧制，增加了汤汁对海参的附着力。陈进长在烧制"扒三样"的过程中，采用浓汤扒制海参、鱿鱼、广肚的方法，使扒制出来的"三样"，汤汁不用勾芡就自然黏稠，海参、鱿鱼更是软糯弹牙，浓香挂齿，回味悠长。

陈进长代表菜品：
陈氏烹汁煎虾饼

陳

主料：虾仁 250 克、鱼糊 100 克、五花肉 150 克

辅料：葱丝 10 克、姜丝 10 克、马蹄 20 克

调料：盐 3 克、味精 3 克、花雕 5 克、酱油 3 克、干生粉 5 克、花椒油 5 克、猪油 20 克

1. 将虾仁去虾线，手工剁成黄豆大小的颗粒状；五花肉剁成泥状；马蹄拍碎。

2. 取一盛器装入剁好的虾蓉、鱼糊、五花肉、马蹄，下入花雕、猪油、盐等调料，手工搅拌上劲。

3. 将锅放到炉灶上烧热，添入清油进行润锅（防止粘锅）。

4. 将拌好的馅料挤成核桃大小的丸子，放入锅中（内三外九），用文火煎制，颜色稍黄时，翻锅煎制另一面，待完全熟透时，撒葱丝、姜丝再次翻锅，烹入调好的料汁即可装盘。

烹汁煎虾饼，是在开封传统菜"烧虾脯"的基础上演变而来的，由陈进长根据恩师陈景和的口授研制而成，口感软香，有"墩墩鼓、柿黄色，鲜脆柔软齿留香"之誉。

煎，是中国烹饪的传统技法，最晚在周代就已经出现。《礼记》中记有一种叫"糁食"的食品，是按一定比例将肉丁、米粉混合制成"饵"，然后"煎"成的。《楚辞·招魂》中亦有"鹄酸臇凫，煎鸿鸧些"的描写。由于文字简略，这儿的"煎"到底是什么烹饪方法尚待推敲。有学者认为："'煎'在先秦时指将水分收干；引申为用水熬煮；用油煎是后来的事"（林银生等编《中国上古烹食字典》）。但"周八珍"中的"炮豚"中有将挂过米粉糊的乳猪"煎诸膏，膏必灭之"一语，也就是说乳猪是在动物油中"煎"的，而且油要淹没乳猪。足见这里的"煎"带有油炸的色彩。因此，可以这样认为，最晚在先秦时期，就已经出现了"煎"这种烹饪技法。

"烧虾脯"，宋代就已经流行，是将鲜虾仁剁成泥，加清汤、鸡蛋清及调料搅拌成蓉泥状，煎制后配以南荠、火腿、鲜豌豆苗烧制而成。成菜汤汁乳白、色泽鲜艳、虾脯软香，尤宜老幼食用。

改良后的"烹汁煎虾饼"，陈进长是在剁碎的虾肉中加入五花肉粒、马蹄碎拌匀，然后加入鸡蛋清、鱼糊、少量荠粉，搅拌上劲，用猪油煎制后烹汁，虾肉除了可以继续保持鲜嫩的口感外，更丰富了舌尖上的感受：五花肉粒、鱼糊的加入令虾饼更香滑了，而马蹄碎的加入也令虾饼在鲜香的口感上又增加了一份清灵，花雕的作用不但去除了海腥气，还令虾饼在清灵的悠远中又增加了一缕幽幽的暗香，颇有点"疏影横斜水清浅，暗香浮动月黄昏"的意思。